ʬ

DAVID WAGNER

SICH VERLIEBEN HILFT

Über Bücher und Serien

VERBRECHER VERLAG

Erste Auflage
Verbrecher Verlag Berlin 2016
www.verbrecherei.de

© Verbrecher Verlag 2016
Einbandgestaltung: Christian Walter
Lektorat: Kristina Wengorz
Satz: Christian Walter
Druck: CPI Clausen & Bosse, Leck
ISBN: 978-3-95732-157-2
Printed in Germany

Der Verlag dankt Philipp Böhm.

Inhalt

- 7 **Ich serendipitiere**
- 18 **Ich saß so gern**
- 22 **Der Schriftstehler**
- 34 **Lesen auf einer Insel**
- 46 **Der letzte Spießer**
- 58 **Darth Vader**
- 61 **Das Ablenkungsmaschinchen**
- 75 **Vier E-Books**
- 81 **Sich enteseln**
- 95 **Sie lässt Lücken**
- 100 **Sie essen Aal, gehen tanzen**
- 108 **Ich war in einem anderen Blau**
- 111 **Serienjahre**
- 122 **Die Eingewanderten**
- 133 **Sich verlieben hilft**

- 142 **Nachbemerkung**
- 143 **Dank**

David Wagner streift durch Bücher und Bibliotheken, liest auf Elba, in Österreich und im Internet. Er findet Bücher auf der Straße und in seiner Küche, wandert mit dem »Goldenen Esel« des Apuleius durch Thessalien, fährt mit Tony Soprano durch New Jersey und mit Iris Hanika zu Ikea in Berlin-Spandau.

Wagner erzählt vom Lesen und vom Schreiben in London und Venedig, spaziert zu Neuerscheinungen von Krisztina Tóth, Emmanuel Carrère oder Nicholson Baker, besichtigt Klassiker wie »Robinson Crusoe« und »Der Graf von Monte Christo« oder liegt mit dem Notebook im Bett und schaut Serien. Dabei zeigt er sich, als »einfühlsamer, fabelhaft lockerer und witziger Essayist« (Michael Buselmeier im Saarländischen Rundfunk).

David Wagner, geboren 1971, lebt in Berlin. Er wurde mit zahlreichen Literaturpreisen ausgezeichnet, u. a. mit dem Walter-Serner-Preis und dem Georg-K.-Glaser-Preis. Zuletzt erhielt er 2013 den Preis der Leipziger Buchmesse für seinen Roman »Leben« und 2014 den Kranichsteiner Literaturpreis. Seine Bücher wurden in 17 Sprachen übersetzt. Im Verbrecher Verlag erschienen »Welche Farbe hat Berlin« (2011) und »Mauer Park« (2013).

Inhalt

- 7 Ich serendipitiere
- 18 Ich saß so gern
- 22 Der Schriftstehler
- 34 Lesen auf einer Insel
- 46 Der letzte Spießer
- 58 Darth Vader
- 61 Das Ablenkungsmaschinchen
- 75 Vier E-Books
- 81 Sich enteseln
- 95 Sie lässt Lücken
- 100 Sie essen Aal, gehen tanzen
- 108 Ich war in einem anderen Blau
- 111 Serienjahre
- 122 Die Eingewanderten
- 133 Sich verlieben hilft

- 142 Nachbemerkung
- 143 Dank

Ich serendipitiere

Was habe ich in der letzten Zeit gelesen? Alles liegt hier voller Bücher, und ich erinnere mich an kein einziges. Als ich jünger war, schrieb ich auf, was ich gelesen hatte, ich führte Buch über die Bücher. Ich hatte das völlig vergessen, bis ich, nach einem Umzug, in einem Karton ein Heftchen fand, in dem ich meine Lektüren der Jahre 1987 bis 1990 notiert hatte. »Bibliothek von Babel« hatte ich das Heftchen betitelt, Jorge Luis Borges tauchte dann auch mehrfach auf. Wusste ich damals also schon, dass ich ein vergebliches Unterfangen begonnen hatte? Wusste ich, dass ich mit dem Lesen an kein Ende kommen kann? Oder wollte ich noch alles lesen?

Als ich durch das Heftchen, eigentlich ein Vokabelheft, blätterte, fiel mir auf, wie viel Peter Handke ich gelesen habe. Was hat mich in diesen Jahren so sehr an Handke interessiert? Die tollen Titel? »Der kurze Brief zum langen Abschied«, »Wunschloses Unglück«, »Der Chinese des Schmerzes«, »Die Geschichte des Bleistifts«, »Langsame Heimkehr«. Handkes frühe Titel klingen wie die von Büchern, die man selbst gern geschrieben hätte. Ich habe nur schwache Erinnerungen an das, was ich in ihnen gelesen habe. Trotzdem, das weiß ich seit einiger Zeit, gibt es für mich hin und wieder einen Gefühlszustand beim Unterwegs- und Alleinsein, den ich Peter-Handke-Modus nenne. Dazu gehört es, irgendwo in der Fremde herumzuwandern oder herumzusitzen und sich alles genau anzusehen. Die Fremde erleichtert das Hineingleiten in diesen Zustand, Handke selbst findet ja meist auch erst im Ausland in seinen Text. Zuletzt geriet ich Anfang Mai in den Peter-Handke-Modus, einen Vormittag lang, auf einer sonnigen Bank in Tegnérlunden, einem kleinen, hügeligen Park mitten in Stockholm. Ich sah zwei Hummeln zu, die immer wieder zu den blauen Frühblühern im sehr grünen Gras flogen. Schwedinnen gingen auch durchs Bild.

Ohne in den letzten Jahren jedes Buch von ihm gelesen zu haben, Handke ist immer noch dabei. Mir fällt ein, dass ich ihm vor vielen Jahren, ich war noch auf der Schule, beinahe einmal begegnet wäre. Eine Freundin war au pair in Paris und arbeitete ausgerechnet in dem Vorort, in dem Handke noch heute wohnt. Manchmal sah sie ihn morgens in der Boulangerie, in der sie für ihre Gastfamilie Brot kaufte. Einmal habe ich sie besucht und bin mitgegangen, habe Peter Handke dann aber nicht beim Bäcker getroffen.

Wie kommen die Bücher zu mir? Wie entscheidet sich, wie entscheide ich, wann ich was lese? Es gibt Empfehlungen, es gibt Geschenke. Es gibt die Literaturkritik und die Empfehlungsalgorithmen meines Internet-Buchkaufhauses. Es gibt Bücher, zu denen ich greife, weil gerade kein anderes in Reichweite ist. Und die, von denen ich auf einmal weiß, dass ich sie lesen muss. Unbedingt. So war es eines Morgens, ich war zweiundzwanzig Jahre alt. Ich wachte auf und wusste: Heute muss ich anfangen, »Auf der Suche nach der verlorenen Zeit« zu lesen. Ich fuhr, wie auch sonst fast jeden Tag, nach Dahlem an die Uni und kaufte mir, ich war zuvor schon ein paarmal um sie herumgeschlichen, bei dem Buchhändler vor der Rostlauben-Mensa die geblümt-gemusterte Oktavausgabe von Suhrkamp, zehn Bände in der Kassette, deutsch von Eva Rechel-Mertens. Die mit dem berühmten, an einer Stelle – auf welcher Seite weiß ich nicht mehr – mit der Hand gemalten kleinen d im Druckbild. Es war März, und es roch nach Frühling. Ich fuhr nach Hause, legte mich ins Bett und fing an zu lesen.

Ich lese immer noch, meist den ganzen Tag. Zwischendurch schaue ich vielleicht eine DVD, einen Film, ein paar Folgen einer Serie oder ein Fußballspiel. Die meiste Zeit aber starre ich auf meinen Bildschirm und lese. Ich lese die Tageszeitung im Netz und schaue, obwohl ich versuche, davon loszukommen, ungefähr hundertmal am Tag auf die Seite von Spiegel Online. Ich lese Neuigkeiten auf Twitter und lasse mich von den Links wohin auch immer führen. Ich lese – ich glaube, ich bin süchtig – fast jeden Tag den kompletten Fußballroman im Sportteil des Guardian, lese in ein, zwei Fußballblogs hinein, absurde Technik- und Computerneuigkeiten auf Gizmodo und was El

País über den FC Barcelona schreibt. Ich lese den Perlentaucher und klicke mich weiter, lese ein bisschen New York Times, ein bisschen Economist, ich serendipitiere so durchs Netz, den großen Text, der keine Ufer hat.

Ich lese herum und weiß: Das ist auch nur ein großes Ablenkungsmanöver, eine Methode, nicht zu arbeiten und nicht über sich selbst und die Sinnlosigkeit allen Tuns und Treibens nachzudenken. Nachts lese ich dann die neuen Artikel der FAZ, nur um mich am nächsten Tag, wenn sie gedruckt in der Papierzeitung stehen, zu ärgern, dass ich sie schon gelesen habe. Tatsächlich gibt es Tage, an denen ich viel mehr auf meinem Notebook-Bildschirm lese als auf Papier, trotzdem würde auch ich natürlich immer behaupten: Ein ganzes Buch lässt sich nicht am Bildschirm lesen. Das stimmt aber gar nicht. Zumindest das, das ich gerade schreibe, lese ich auf meinem Bildschirm. Ich lese ja alles, was ich schreibe. Ununterbrochen. In dem wunderbaren Roman »Eine Schachtel Streichhölzer« von Nicholson Baker klappt der Erzähler den Bildschirm seines Notebooks deshalb immer halb hinunter. Einerseits, um nicht sehen zu müssen, was er schreibt, andererseits will er vermeiden, dass sein Bildschirm den früh am Morgen noch dunklen Raum erleuchtet, in dem er vor dem Kamin sitzt, um einem einzigen Funken beim Glühen zuzusehen.[1]

Im Jahr 2004 bekam ich einen Erzählband von Roberto Bolaño zum Geburtstag geschenkt, einem Autor, von dem ich bis dahin noch nichts gehört hatte. »Telefongespräche« hieß das Buch, ich las und war sehr angetan. Ich war angetan, weil die Geschichten auf eine komisch-unterhaltende Art von eher weniger erfolgreichen lateinamerikanischen Schriftstellern erzählten, die sich an Literaturwettbewerben in spanischen Provinzen beteiligten und manchmal kleine Preise gewannen. Damit konnte ich mich identifizieren. Es war nicht schwer, hinter diesen Figuren autobiografisches Material zu erkennen. Bolaño, der Chilene, lebte in Katalonien und versuchte, als Schriftsteller zu überleben. Als ich »Telefongespräche« las, lebte er allerdings schon nicht mehr, er war 2003 – er stand auf der Warteliste für eine Lebertransplantation – an den Komplikationen einer Hepatitis gestorben.

Es ist ziemlich beeindruckend, wie es Bolaño in seinen in sachlich-wilder, oft lakonischer Prosa erzählten Büchern gelingt, Literaten oder – noch schwieriger, weil eigentlich noch langweiliger – sogar Literaturwissenschaftler zu interessanten Helden zu machen. In seinem letzten Roman, dem postum zum Weltbestseller avancierten »2666«, kann er über Hunderte Seiten hinweg für gleich vier Literaturwissenschaftler begeistern, die sich nach einer schier endlosen Reihe von Kongressen tatsächlich auf die Suche nach dem geheimnisvollen deutschen Schriftsteller begeben, von dem sie so besessen sind. Einem Schriftsteller, den niemand je gesehen hat. In seinem anderen großen Roman, dem vielleicht noch höher einzuschätzenden »Die wilden Detektive«, porträtiert Bolaño gleich eine ganze fiktive Schriftstellergruppe, er nennt sie die Realviszeralisten. Das Buch ist eine Schatzkiste, in der viele irre, größtenteils in Mexiko spielende Geschichten liegen, sie alle werden an einem jeweils genau angegebenen Ort zu einer bestimmten Zeit von immer wieder neuen Figuren erzählt. So gibt es aus wechselnden Perspektiven Neuigkeiten auch von Arturo Belano, einem chilenischen Autor, der gegen Ende des Romans in Europa, in Spanien, in der Nähe von Barcelona lebt und nicht gesund ist ...[2]

Andere über sich selbst sprechen zu lassen, diesen Kunstgriff nutzt auch J. M. Coetzee in »Summertime«, dessen deutscher Titel leider »Sommer des Lebens« lautet. Warum habe ich diesen Roman gelesen? Wie kam das Buch zu mir? Mir gefiel ein Ausschnitt, den ich im September 2009 im Harper's Magazine fand, vorabgedruckt war das Kapitel »Adriana«. Nur weil ich selbst einmal eine mexikanische Freundin gleichen Namens hatte, war ich sehr neugierig. Coetzees Adriana ist Brasilianerin und erzählt einem jungen Biografen, was sie von einem gewissen John Coetzee weiß, einem Mann, dem sie Anfang der siebziger Jahre in Südafrika begegnet war, ohne zu ahnen, dass aus ihm später ein berühmter Schriftsteller werden würde. Der Autor Coetzee, der echte Coetzee, maskiert sich in »Summertime« als sein eigener Biograf – als Biograf einer Person, die auch Coetzee heißt, wie er Schriftsteller ist und während der Hochzeit der Apartheid in Südafrika lebt. Dieser Biograf führt Interviews mit Personen, die ihn damals gekannt haben. Er spricht mit der schon erwähnten Adriana, mit seiner Lieblingscousine, einem Kollegen und einer Nachbarin, mit der er eine kurze Affäre hatte. Von ihnen hört er unverstellte, nackte Wahrheiten. Die verschachtelte Konstruktion ermöglicht die Unbarmherzigkeit, mit der Coetzee seinem Alter Ego gegenübertritt. Die Gesprächspartner berichten gnadenlos von dem unscheinbaren Mann, seiner absurden, zu keinem Zeitpunkt erwiderten Zuneigung, von seiner Unfähigkeit zu tanzen und seiner mangelnden Leidenschaft beim Sex. Seine rücksichtslose Ehrlichkeit macht den Text so ungeheuer gut, seine Gnadenlosigkeit bringt das im Grunde unspektakuläre biografische Material zum Funkeln. »Summertime« zeichnet das Bild eines frauenlosen, unattraktiven, schwermütigen Versagers ohne eigene Wohnung, der darüber nachdenkt, wie er sich am besten umbringen könnte. Erzählt wird das alles aber ganz leicht, wie nebenbei, als wäre es ein unbeschwertes Sommerbuch.[3]

Zum Jahreswechsel hatte ein Freund in ein Haus draußen auf dem Land eingeladen, irgendwo in Brandenburg, hinter dem Scharmützelsee, nicht nah, aber auch nicht richtig weit weg von Berlin. Er hatte schon erzählt, dass Günter de Bruyn mehr oder weniger sein Nachbar sei und ein Buch über sein Haus, den Wald drumherum und die Gegend geschrieben habe. Das besagte Buch lag im Wohnzimmer des bald eingeschneiten Hauses, wir haben uns dann, wir waren zu siebt, um das Buch gestritten. Wir einigten uns auf teilweises Vorlesen, später wanderte das Buch reihum. Wir erfuhren aus dieser bezaubernden Liebeserklärung an eine eigentlich langweilige Landschaft, wie sehr der Mediziner August Bier sich Anfang des zwanzigsten Jahrhunderts für den umliegenden Wald eingesetzt, ja den Waldbau reformiert hatte. Und wollte ich nicht schon immer gewusst haben, dass besagter August Bier während des Ersten Weltkriegs den Stahlhelm für das deutsche Heer entwickelt hatte? Nach der Lektüre, die ausnahmsweise keine einsame war, spazierten wir fast verliebt durch diese flache Landschaft mit Bäumen – das hatte de Bruyn mit seiner genauen, klassizistischen, ganz selten nur einen Hauch ins Betuliche rutschenden Prosa geschafft. Wir stapften also durch den Schnee und standen tief im Wald plötzlich vor dem uns nun aus dem Buch bekannten Haus des Schriftstellers. Und ich kam mir wieder vor wie der Gymnasiast, der in einer Bäckerei auf Peter Handke wartete.[4]

Keine Systematik mehr in meinen Lektüren, ich lese, was kommt, und führe nicht mehr Buch, schon lange nicht mehr. Manchmal notiere ich Titel von Büchern, die ich lesen möchte, eines Tages, mal sehen, wann es dazu kommt. Davor aber finde ich immer wieder irgendwo ein anderes, wie kürzlich, als ich im Hauseingang einer Freundin an einer Bücherkiste vorbeigehe und dann doch nicht vorbeigehe, sondern stehen bleibe, schaue – eigentlich will ich keine Bücher mehr mitnehmen, ich habe genug – und nach Wolfgang Kemps Buch über John Ruskin greife. Das besitze ich noch nicht. Vor Jahren habe ich es in der alten Bibliothek des Peter-Szondi-Instituts am Hüttenweg in der Hand gehalten, hineingeblättert, es aber nicht gelesen. Jetzt ist es zurückgekommen. Ich nehme es mit, es riecht nicht besonders gut, aber auch nicht so angemodert, dass ich es nicht im Bett lesen könnte, wo ich immer noch am liebsten lese. Und ich weiß nicht wieso oder woher, ich weiß schon in diesem Augenblick, dass es ein wichtiges Buch sein wird und ich es von der ersten bis zur letzten Seite lesen werde. Die Ahnung hat sich dann erfüllt, zweieinhalb sehr lesevergnügliche Tage im April saß ich mit dem Buch zwischen blühenden Apfelbäumen in einem oberösterreichischen Garten. Die Bäume hätten Ruskin sicherlich gefallen.[5]

Im New Yorker sehe ich eine Notiz über ein Buch von Will Self, es heißt »Liver«. Zwei Klicks und ich habe es bestellt, vier Tage später liegt es in meinem Briefkasten und ich nicht viel später damit im Bett. Die tollste Geschichte, die über den englischen Schriftsteller, Jahrgang 1961, erzählt wird, ist natürlich die, dass er einmal auf der Toilette der Regierungsmaschine von Premierminister John Major mit Heroin erwischt wurde. Kann seine Literatur da mithalten? In »Liver« findet sich eine lange, novellenartige Erzählung mit dem Titel »Leberknödel« (deutsch im Original) über eine final leberkrebskranke

Frau, die mit ihrer erwachsenen Tochter in die Schweiz reist, um ihr Leben von einem dort ansässigen Sterbehilfeunternehmen beenden zu lassen. Im letzten Moment entscheidet sie sich dann allerdings doch gegen den Tod, bleibt in Zürich, ihr Krebs verschwindet, und sie gerät in religiöse Kreise, die ihre Spontangenesung als Wunder anerkennen lassen wollen. So weit, so schön und so lala. Gut recherchiert, sehr breit, detailreich und formal ambitioniert, die Struktur eines Requiems aufgreifend, erzählt.[6]

Als ich den Text das erste Mal lese, wundere ich mich über die vielen Fehler in den einmontierten deutschen Sätzen. Ein Stilmittel, das ich nicht verstehe? Bei der zweiten Lektüre finde ich dann gar nicht mehr so viele Fehler. Wollte ich die unbedingt finden, weil mir die ganze Geschichte bei aller Virtuosität ein wenig aufgepumpt und ausgedacht vorkam? Mir fällt ein, dass ich vor Jahren einmal eine Sammlung der schönsten Entstellungen deutscher Prunkzitate in französischen Büchern anlegen wollte – ein Unterfangen, das mir dann aber doch zu anstrengend und oberlehrerhaft erschien. Außerdem war ich gewarnt durch meine englische Stiefmutter, die – wahrscheinlich nicht zu Unrecht – oft genug vom Hang der Deutschen zum Erziehen und Belehren sprach. Ja, ich sollte nicht nach Fehlern suchen, sondern mich freuen, dass unsere unbedeutende kleine Sprache überhaupt noch irgendwo vorkommt.

In dem Karton, in dem das Heftchen lag, das ich so großspurig »Bibliothek von Babel« genannt hatte, fanden sich auch ein paar alte Hausarbeiten, die ich damals, Anfang der neunziger Jahre, immer hübsch in Schnellhefter abgeheftet hatte. Ich nahm eine heraus, eine Arbeit über das Erhabene und die Kunst Barnett Newmans, und staunte nicht schlecht über ein französisches Motto, das ich auf das Titelblatt gesetzt hatte. Der kurze Satz enthielt zwei unglaublich entstellende Fehler. Der Satz war (ich musste ihn geschrieben haben, bevor ich wegen Proust und der »Recherche« ernsthaft anfing Französisch zu lernen) so absurd falsch, dass das Napoleon zugeschriebene Zitat wie ein Witz wirkte, fast schien es mir, als wäre es ein Konzept, denn es lautete (hier nur auf Deutsch, aus Angst, mich wieder zu verschreiben): »Vom Erhabenen zum Lächerlichen ist es nur ein Schritt.«

---

1 Nicholson Baker, *Eine Schachtel Streichhölzer*. Reinbek: Rowohlt 2004.

2 Roberto Bolaño, *Die wilden Detektive*. München: Hanser 2002; *Telefongespräche*. München: Hanser 2004; *2666*. München: Hanser 2009.

3 J. M. Coetzee, *Sommer des Lebens*. Frankfurt am Main: Fischer 2010.

4 Günter de Bruyn, *Abseits. Liebeserklärung an eine Landschaft*. Frankfurt am Main: Fischer 2005.

5 Wolfgang Kemp, *John Ruskin. 1819–1900. Leben und Werk*. Frankfurt am Main: Fischer 1987.

6 Will Self, *Liver*. London: Bloomsbury 2009; *Leberknödel*. Aus dem Englischen übersetzt von Gregor Hens. Hamburg: Hoffmann und Campe 2015.

Ich saß so gern

Ich saß so gern in der Bibliothèque Sainte-Geneviève, Paris, mittags gingen wir in einer kleinen Gruppe im resto U Châtelet in der rue Jean Calvin essen (1994, 1995, 1996).

Ich ging so gern in die Stabi an der Potsdamer Straße, von der Cafeteria aus konnte ich zusehen, wie der Potsdamer Platz gebaut wurde (1996 bis 2003 ungefähr, später nur noch selten).

Ich saß (und sitze) so gern seit ihrer Eröffnung in der Grimm, (dem Jacob-und-Wilhelm-Grimm-Zentrum), ich komme fast immer zu Fuß (seit 2009).

Ich saß so gern in der Studentenbücherei im Hauptgebäude der Uni Bonn, ein erstes Semester habe ich dort verlesen, es gibt sie nicht mehr, schade (1990, 1991).

Ich saß so gern in der Bibliothek des Arkkitehtuurimuseo in Helsinki, meist ganz allein, manchmal blätterte ich durch die Bildbände (2011).

Ich saß so gern in der Biblioteca Popular de la Dona, Carrer de Sant Pere Més, Baix, Barcelona, sie öffnete erst um vier; ich saß an uralten Tischen zwischen Schülern, die ihre Hausaufgaben machten (1995, 1998 und 1999).

Ich saß so gern in der Bpi (Bibliothèque publique d'information) im Beaubourg (Centre Pompidou) – wenn es oft auch zu voll war (1995, 1996).

Ich saß so gern (bisher allerding nur ein einziges Mal) in der Bibliothek des Orient-Instituts Istanbul, ein Art-déco-Fahrstuhl fährt durch ein Marmortreppenhaus hinauf (2015).

Ich saß so gern in der alten Bibliothèque nationale in der rue de Richelieu in Paris, Bibliotheksdiener brachten die bestellten Bücher an das Pult in der salle ovale (1995, 1996).

Ich saß so gern in der Bibliothek der Romanistik in der Rostlaube der Freien Universität, heute aufgelöst (1996 bis 1999).

Ich saß so gern in der Bibliothek des Centro Tedesco di studi im Palazzo Barbarigo della Terrazza, Venedig, manchmal klopfte eine Möwe ans Fenster (2013, 2014).

Ich saß so gern in der Kubi (der Kunstbibliothek am Kulturforum), nicht oft allerdings, ich ging ja lieber in die Stabi auf der anderen Straßenseite (1997 und 1998).

Ich saß noch nie – warum eigentlich nicht? – im neuen Lesesaal der Staatsbibliothek Unter den Linden, ich muss unbedingt bald hin.

Ich saß so gern unter den Freskenresten in der Biblioteca S. Tomà im ersten Stock der Scoletta dei Calegheri, Venedig (2014).

Ich saß und stand so gern zwischen den Regalen der Bibliothek des KHI (Kunsthistorisches Institut) der FU, damals in der Morgensternstraße, Lichterfelde-Ost, die Anreise war eine Weltreise, und dem Gebäude war anzumerken, dass es einmal ein Paketpostamt gewesen war (1992 bis 1994).

Ich saß so gern in der Bibliothek der Società Dante Alighieri im Palazzo Firenze an der gleichnamigen Piazza, Rom, unter einem uralten Gewölbe – meist nach dem eher langweiligen Sprachunterricht vormittags (1998).

Ich saß so gern in der Biblioteca Angelo Monteverdi der Sapienza, im dritten Stock der Facoltà di Lettere in Rom (1998).

Ich saß und sitze so gern in der Medizinischen Bibliothek der Charité auf dem Gelände des Virchow-Klinikums, umgeben von eifrigen Studierenden der Medizin (seit 2005).

Ich saß so gern im Lesesaal der New York Public Library, leider nur drei- oder viermal, es gab diese kurzen Bleistifte, mit denen Bestellscheine ausgefüllt werden konnten – oder war das in einer anderen Bibliothek? (1996).

Ich saß so gern in der Bibliothek des Instituts für Germanistik der Uni Bern, im Gebälk unterm Dach der früheren Schokoladenfabrik Tobler (2014).

Ich saß so gern in Lion Feuchtwangers Bibliothek in der Villa Aurora, Los Angeles, freie Sicht auf den Pazifik (2009).

Ich saß so gern in der Mile End Library der Queen Mary University London, gegen Ende des Semesters hatte die Bibliothek rund um die Uhr geöffnet, einige Studenten schliefen dort (2012).

Ich saß so gern im Wintergarten der Bibliothek des Instituts für Allgemeine und Vergleichende Literaturwissenschaft, Hüttenweg 9, Berlin, vor dem Fenster lag der vermooste Pool aus den zwanziger Jahren. Heute ist die Villa wieder in Privatbesitz, die Freie Universität hat ihre Villen verkauft (1992 bis 1999).

Der Schriftstehler

»Hallo, ich heiße David Wagner und erzähle Ihnen nun alles, was ich weiß. Na ja, nicht alles, was ich weiß, denn vieles von dem was ich weiß, wissen Sie ja schon.« Wahrscheinlich werde ich nicht wirklich dazu kommen, Ihnen alles zu erzählen – könnte es jedoch versuchen, wie Nicholson Baker in »The Anthologist« schreibt.[1]

Was auf Deutsch beeindruckt, hört sich auf Englisch noch besser an: »Hello, this is Paul Chowder, and I'm going to try to tell you everything I know. Well, not everything I know, because a lot of what I know, you know.« Ich gebe zu, als ich diesen Romananfang im August 2009 zum ersten Mal las (in einem Buchladen in West Hollywood), war ich neidisch. So schlicht. So einfach. So gut sind diese Sätze. Bei »to try to tell you« tanzt die Zungenspitze so schön, und ich mag die »I know, you know«-Wiederholung am Ende des zweiten Satzes. Ich wollte sie haben, diese beiden Sätze. Und jetzt habe ich sie einfach gestohlen und hier hingeschrieben.

Sehr viele schöne Sätze gibt es in diesem Buch, in dem besagter Paul Chowder nichts anderes versucht, als eine Einleitung für eine Anthologie von Gedichten zu schreiben. Er kann allerdings nicht anfangen. Probleme, viele. Seine Freundin hat ihn gerade verlassen, er ist pleite, ihm fällt nichts ein, er weiß viel zu viel. In einem seiner vielen schönen Sätze denkt Chowder (bzw. lässt Nicholson Baker ihn denken), dass er lieber ein Kanu wäre. Ein Kanu? Ja, tatsächlich: »GOD I WISH I was a canoe. Either that or some kind of tree tumor that could be made into a zebra bowl but isn't because I'm still on the tree.«

Was für ein Klang. Und was für ein so sonderbares wie faszinierendes Bild. Ich will nicht versuchen, es zu deuten. Einmal auf Englisch gehört, tönt die Übersetzung – »Herrgott, wäre ich doch bloß ein Kanu. Entweder das oder so ein Baumgeschwür, aus dem sich eine Zebraschale für Müsli machen ließe, oder vielmehr nicht, weil ich ja noch an dem Baum wüchse« – nur noch halb so schön, aber das soll hier nicht den Übersetzern Matthias Göritz und Uda Strätling, sondern der deutschen Grammatik und dem Wort »Müsli« angelastet werden.[2]

»Der Anthologist« ist auch auf Deutsch ein zauberhaftes Buch. Es klingt halt nur nicht immer ganz so gut wie beim Meister selbst, der einmal Fagott studiert hat und gelegentlich in Sinfonieorchestern aushalf. Versteht er deshalb so viel von Rhythmus und Sprachmelodie? Trotzdem möchte ich noch zwei Sätze zitieren: »Ich bin nur ein bisschen verkorkst. Ich leide gerade so weit, dass ich gelegentlich schlecht schlafe, und ich beantworte meine E-Mails nicht so gewissenhaft, wie ich es tun sollte. Mich überkommt oft eine große Seelenmattigkeit, wenn ich per E-Mail aufgefordert werde etwas zu tun.« Das kommt mir irgendwie bekannt vor.

Was heißt eigentlich serendipitieren? Das Internet weiß, dass Horace Walpole das Wort erfunden hat, in einem Brief, den er am 28. Januar 1754 an seinen in Florenz lebenden Freund Horace Mann schrieb. Ist es nicht schön, etwas so genau zu wissen? In diesem Brief erläutert Walpole, er habe den Begriff »serendipity« in Anlehnung an ein persisches Märchen namens »The Three Princes of Serendip« geprägt, in dem drei Prinzen unerwartete Zufallsfunde gelingen. So liefert Serendip, die alte persische Bezeichnung für Ceylon, das heutige Sri Lanka, einen Begriff, der mehr als zweihundert Jahre nach Walpoles Brief dank des amerikanischen Soziologen Robert K. Merton (1910–2003) wissenschaftlich Karriere macht, ja zu einer Art Modewort wird. Was im Zeitalter der Suchmaschinen, in dem es so sehr aufs Finden ankommt, eigentlich nicht verwundern darf.

Es ist Sommer, ich bin in Oberösterreich, im Mühlviertel, im Haus meiner Tante, dem Haus, in dem meine Großmutter aufgewachsen ist, dem Haus, in dem mein Onkel, ein Landarzt, seine Praxis hat. Es regnet. Ich sitze in der Bibliothek und weiß nicht, was ich lesen soll. Ich gehe an den Regalen vorbei, schaue über die Buchrücken und greife nach Adalbert Stifters »Die Mappe meines Urgroßvaters«.³ Obwohl von ihr in diesem Haus oft die Rede ist, habe ich die »Mappe« nie gelesen. Ich nehme das Buch aus dem Regal, lege mich ein Zimmer weiter auf ein Sofa und fange an zu lesen. Ich lese mich ein und lese mich fest.

Ist das beruhigend. Ich lese sehr aufgeräumte, von tiefer Freundlichkeit und Wohlwollen in alle Richtungen durchsogene Beschreibungen. Alte Aufzeichnungen werden in der Mappe eines Urgroßvaters gefunden. Dieser Urgroßvater erzählt von seinen Anfängen als Arzt im böhmischen Waldland im 18. Jahrhundert. Seine Neuerungen, er ist der Erste, der in Prag studiert hat, bringen Segen, Kunstfehler keine. Seine Kräuter und Heilpflanzen helfen. Überall regt er Verbesserungen an. Er vergrößert das Haus. Er ist gut, alle sind freundlich und edel. Die Stifterwelt kennt keine Gemeinheit.

Mir schaudert nicht nur vor so viel Güte, mir schaudert auch ein wenig, weil ich so vieles von dem, was ich da lese, aus dem Haus kenne, in dem ich mich gerade befinde. Auch hier steht eine Hausfichte im Garten, die als einziger Blitzableiter dient. Auch hier wurde zur ungefähr gleichen Zeit (es gibt eine »Hausgeschichte«[4]) das Haus um ein Geschoss aufgestockt. Auch hier hatte der Doktor lange eine Landwirtschaft, einen Obstgarten und einen Wald – den Wald und den Obstgarten hat er noch heute. Und auch einer meiner Ururgroßväter war nach einer Reihe von Badern und Feldschern einmal der Erste, der in Prag studierte und Neuerungen ins Haus brachte. Anfangs ging auch er, wie Stifters Urgroßvater, zu Fuß auf Visite, erst später fuhr er mit Pferd und Wagen von Patient zu Patient. Und auch in diesem Haus fand die Ordination Anfang des 19. Jahrhunderts noch in der Stube statt.

Ich lese hier also Stifter, gut abgehangene, noch immer sehr geschmeidige, hundertfünfzig Jahre alte Prosa und wundere mich: Ist das nicht mein Stoff? Das sind doch die Geschichten, die zu diesem Haus gehören. Und ich bin nun nicht der Erste, der denkt, Stifter hätte sich beim Phantasieren des idealen Doktorhauses vielleicht weniger von seinem gar nicht so schmucken Oberplaner Geburtshaus, sondern vielmehr von diesem hier, dem Doktorhaus in Tragwein, inspirieren lassen. Stifter muss es gekannt haben, als Schulrat und Schulinspektor, der er in seiner Linzer Zeit ja auch war, reiste er immer wieder durchs Mühlviertel. Und die Schule liegt und lag auch damals schon gleich hinter dem Obstgarten.

Ich lese unten im Garten auf der Terrasse weiter. Die Sonne ist herausgekommen, mein Kaffee steht auf dem Tisch mit der Platte aus Mauthausener Granit. Ja, Mauthausen, sein KZ und die Todesstiege, sind auch ganz nah, mit dem Fahrrad ist es nur ein Ausflug.

Die »Mappe« hört dann einfach auf. Ich lese die vierte Fassung, über der Stifter gestorben ist, der Roman blieb unvollendet, aber das passt, weil es in der Handlung sonst am Ende wohl zur Kernschmelze von Güte und Wohlanständigkeit hätte kommen müssen. Das Faszinosum dieser literarischen Phantasie von der verbesserten Welt aber ist ja, dass hinter aller Idealisierung das Grauen immer zu ahnen ist und gelegentlich auch hervorschaut. Ein paar Naturkulissen sind davorgeschoben, die Szenerie biedermeierlich patiniert, das Grauen aber ist da und bringt an einer Stelle im Roman die Ordnung ins Wanken: Eine Epidemie wütet im Tal, und Doktor Urgroßvater ist machtlos. Ihm sterben der Vater, der Bruder und die Schwester. Und die Frau, die er liebt und die ihn liebt, kann ihn aus heute unverständlichen Gründen nicht heiraten. Trotzdem wird Doktor Urgroßvater nicht wahnsinnig, Verständnis und Liebe quellen weiterhin aus ihm.

Stifter erfindet sich ein Traumtal im Waldland, seine eigene Wirklichkeit hat er jedoch nur mit sehr viel Wein ausgehalten. In einem der anderen Bücher zu Stifter, die in der Bibliothek herumstehen, finde ich die Jahresrechnung seines Weinhändlers. Er muss unglaubliche Mengen gesoffen haben und wäre wohl auch an seiner Leberzirrhose gestorben, hätte er sich nicht im vorletzten Dahindämmern die Pulsadern aufgeschnitten.

Ist »Die Mappe meines Urgroßvaters«, dieses beschauliche und zugleich verstörende Werk, in dem ich jetzt noch einmal herumblättere, vielleicht sogar ein Horrorroman? Ist die Stimme, die aus den gefundenen Aufzeichnungen spricht, nicht die eines Untoten, der eigentlich längst verwest sein müsste? Und macht seine Übergüte, die auf ihre Art ja auch eine Gefühllosigkeit ist, ihn nicht zu einer Art Zombie? Ist ein Urgroßvater nicht sowieso fast schon ein Zombie? Die »Mappe« wäre jedenfalls ein idealer Text für ein parodistisches Mashup wie »Pride and Prejudice and Zombies«, in das ich, als es in den Buchhandlungen lag, einige Male hineingelesen habe.[5] In den Originaltext von Jane Austen sind immer wieder, das ist ganz unterhaltsam, Szenen mit Zombies hineinmontiert, die auch gut in Stifters Idyllenterrortal passen würden. Ein paar marodierende deutsch-österreichische Nazizombies könnte ich mir dort gut vorstellen. Das Buch, das ich mir da gerade ausdenke, möchte ich allerdings gar nicht lesen.

Stifter war zweiundsechzig, als er 1868 über der »Mappe« starb. Nicholson Baker ist zweiundfünfzig, als »The Anthologist« in den USA erscheint. Mich interessiert immer, wie alt der Autor ist, dessen Sätze ich gerade lese, beziehungsweise wie alt er war, als er sie schrieb.

Lange war ich jünger als fast alle Autoren, die ich gelesen habe. Seit ein paar Jahren schon ist das nicht mehr so, denn in letzter Zeit ertappe ich mich immer öfter dabei, dass ich Bücher von Autoren lese, die jünger sind als ich. Was ist ihr Stoff? Und was haben sie literarisch aus dem Leben, das sie bis dahin hatten, gemacht?, frage ich mich dann.

Ich greife nach einem dieser Bücher, die ich gelesen habe, einem Band mit Erzählungen, er heißt »Gesichertes«, die Autorin Hanna Lemke.[6] Es ist ein Buch, das im verlängerten generationellen Dazwischen seiner Protagonisten spielt. »Zu jung, um etabliert, zu alt, um sorglos zu sein«, wie das im Klappentext heißt. Es ist fast interessanter aufzuzählen, was in »Gesichertes« nicht vorkommt: keine eigenen Kinder, fast keine Arbeit, keine Berufe und, bis auf Andeutungen, auch kein Sex.

Wovon also erzählt Hanna Lemke, Jahrgang 1981? Von Beziehungen. Von unzuverlässigen jungen Männern, die Oliver oder Holm heißen. Weniger von den Eltern, die vielleicht noch anrufen, ansonsten aber nicht groß auftreten, Eltern sind nur noch eine Hintergrundgröße. Von Geschwistern. Vom Reisen. Hauptsächlich erzählt Lemke vom Wohnen. Immer zieht irgendwer wo ein und dann wieder aus, und immer herrscht »Vorfreude auf das grundlose Feiern«, wie es an einer Stelle heißt. Einfach und klar und sehr reduziert ist vom Ungesicherten und Unbestimmten die Rede.

Mir gefällt, dass ich Gefühlslagen von vor zehn oder fünfzehn Jahren wiederfinden kann. Ich lese eine der Geschichten und erinnere mich an ein früheres, jüngeres Ich, das ich mal war. Und an dessen Probleme. Ich lese und erinnere mich an mich selbst vor soundso vielen Jahren – das bringt auf einmal eine ganz andere, neue, narzisstische Sentimentalität in die Lektüre, die immerzu mit der eigenen Vergangenheit abgleicht.

Als junger Leser liest man ja lange von dem, was noch vor einem liegt, von Erfahrungen, die noch kommen. Nun aber lese ich hier auf einmal von Zuständen und Gefühlen, die schon hinter mir liegen, die ich einmal hatte und so oder anders oder überhaupt nicht erlebt, sondern verpasst habe. Ich stelle fest, lesen wird immer interessanter, je älter ich werde. Und ich beginne zu ahnen, warum ältere Literaturkritiker sich manchmal und alle Jahre wieder so sehr für die Erzählbände jüngerer Autorinnen begeistern können. Das Buch einer jüngeren Autorin zu lesen, ist der leichteste (und für alternde männliche Büchermenschen oft der kürzeste, wenn nicht sogar der einzige) Weg in den Schatten junger Mädchenblüte.

Ich bin immer noch im Haus meiner Tante, das schon lange das Haus meines Onkels, des praktizierenden Gemeindearztes, ist. Ich sitze wieder in der Bibliothek und ziehe ein anderes Buch aus dem Regal, ein schmales Bändchen, ich weiß genau, wo es steht. Seit 1990 habe ich alle fünf oder sechs Jahre die ersten paar Seiten darin gelesen und es immer wieder weggestellt. Es heißt »Ein Landarzt«, stammt von Franz Tumler und erschien erstmals 1972.[7] Ich habe das Buch immer wieder angefangen und weggelegt, weil der Text das Haus beschreibt, in dem ich mich gerade befinde. Ich halte es nicht aus, darin zu lesen.

Tumler hat meine Tante gekannt und beschrieben, er hat das Haus beschrieben, den Rosengarten und das Lusthaus am Ende des Obstgartens. In ihrem Familiennamen hat er, recht einfallslos, nur einen Buchstaben verändert und die Namen der heute erwachsenen Söhne vertauscht. Einer von ihnen ist der heutige Gemeindearzt (vor ihm war das sein Vater, und davor dessen Vater und so weiter), der andere ist Mönch im Stift Kremsmünster.

Der erste Satz des Büchleins, das ich nicht lesen kann, lautet: »Der Mann, von dem ich erzähle, war Landarzt in Oberösterreich nördlich der Donau, und insofern hat er ein Vorbild in der Literatur: nach Beruf und Landschaft in dem ›Doktor‹ aus der ›Mappe des Urgroßvaters‹ von Adalbert Stifter, das fällt mir sogleich ein, aber wenn ich sage Vorbild, Vorgänger in der Wirklichkeit, um ein Jahrhundert früher, in einer benachbarten ähnlichen Landschaft, und auch ähnlich erzogen; und da sich die Kräfte Erziehung in dem langsamen Land Oberösterreich wenig geändert haben, mag manches Wort, das der Landarzt bei mir sagt, wie ein Wort wirklich des Vorgängers, das auch er gesprochen haben könnte, erscheinen.«

Ganz ehrlich gesagt, kein erster Satz, auf den ich neidisch werden könnte. Und ich muss hier auch gleich zugeben, dass ich Tumlers anderen Roman »Ein Schloß in Österreich«, in dem meine Tante als eine Frau Böhmer verewigt ist, nie gelesen habe.

Ich blättere also wieder einmal in diesen Band hinein, und mich überkommt, wie schon oft, so etwas wie ein Anflug von Entrüstung – während mein Onkel, der sechste Landarzt seines Namens (oder siebte, ich müsste nachsehen oder ihn fragen, er wüsste das sofort), nebenan im Salon (so heißt das obere Wohnzimmer) sitzt, Pfeife raucht und im neuen Jahrbuch des Oberösterreichischen Musealvereines der Gesellschaft für Landeskunde liest. In Tumlers Bericht ist er noch ein junger Mann, der, wie Stifter, in Kremsmünster zur Schule geht, und sein Vater der Mann mit der Pfeife. Jetzt sitzt er an seinem Platz.

Und wie kam der Südtiroler Franz Tumler ins Haus meiner Tante? Er habe immer hier herumgesessen, hat sie mir einmal erzählt. Kam immer wieder, hat von 1939 bis lange nach Kriegsende im Nachbarort gewohnt. Und ist wohl ein wenig in meine Tante verliebt gewesen. Tumler, Jahrgang 1912, gestorben 1998 in Berlin, hatte gleich zwei Karrieren. Während des Krieges war er ein erfolgreicher völkischer Schriftsteller, erzielte hohe Auflagen und war bis zum dann doch nicht erfolgten Endsieg Mitglied der NSDAP und der SA. 1940 wurde er mit dem Preis der Reichshauptstadt Berlin, 1942 mit dem Sudetendeutschen Schrifttumspreis geehrt. Nach dem Krieg musste er sich neu erfinden. Zog nach West-Berlin, nahm an Tagungen der Gruppe 47 teil, freundete sich mit Gottfried Benn an, war seit 1959 Mitglied der Berliner Akademie der Künste, später, für ein Jahr, sogar Direktor der Literaturabteilung. Er gewann den Ehrenpreis des Bundesverbandes der deutschen Industrie und den Literaturpreis der Bayerischen Akademie der Schönen Künste, 1969 erhielt er die Adalbert-Stifter-Medaille. Kurz darauf muss er all das aufgeschrieben haben, was ihm zu meiner Tante und ihrem Haus einfiel, denn auch wenn die Publikation »Ein Landarzt« heißt, sie handelt eigentlich von dessen Frau, meiner Tante. Kommt mir vor, als hätte er sie mir gestohlen. Und das Haus dazu.

Ich benutze auch oft Mappen. Keine Prunkmappen, nichts mit Leder, einfache Aktendeckel aus Halbkarton, in Blau, seltener in Rot. Lose Blätter, Entwürfe und Ausdrucke liegen in ihnen, Unfertiges, Material, Dinge, von denen ich mir einbilden könnte, sie gehörten mir, weil ich sie gefunden und mir angeeignet, sie appropriiert habe.

Eine Spur schlechten Gewissens bleibt dabei. Das Kind, das manchmal an meinem Schreibtisch sitzt, weil es sich auf dem Notebook, an dem ich schreibe, seine Serien auf YouTube ansieht, hat eine dieser Mappen einmal mit meinem Namen beschriftet und dahinter das Wort »Schriftstehler« gesetzt. Und ist der Wahrheit, wie ein Kind das eben kann, damit wahrscheinlich sehr nahe gekommen.

Was Sie hier gerade lesen, der Text, in dem ich versuchen wollte, Ihnen alles zu erzählen, liegt auch noch in dieser Mappe. Er ist noch gar nicht fertig.

---

1 Nicholson Baker, *The Anthologist*. New York: Simon & Schuster 2009.

2 Nicholson Baker, *Der Anthologist*. München: C. H. Beck 2010.

3 Adalbert Stifter, *Die Mappe meines Urgroßvaters*. München: Winkler 1996.

4 Max Neweklowsky, *Vierhundert Jahre Hausgeschichte. Eine Chronik des Hauses Tragwein Nr. 2 und seiner Bewohner*. Linz: Selbstverlag des Oö. Musealvereins 1977.

5 Jane Austen/Seth Grahame-Smith, *Stolz und Vorurteil und Zombies*. München: Heyne 2010.

6 Hanna Lemke, *Gesichertes*. München: Kunstmann 2010. Ich hätte auch nach Büchern wie Franziska Gerstenbergs »Solche Geschenke«, Nikola Richters »Schluss machen auf einer Insel« oder dem Roman »Die Anstalt der besseren Mädchen« von Julia Zange greifen können, die im selben Jahr erschienen sind.

7 Franz Tumler, *Ein Landarzt*. Zollikon: Kurt-Bösch-Presse 1972.

Lesen auf einer Insel

Ich lese »Open City« von Teju Cole, ein Buch, in dem fast nur spazieren gegangen wird. Ein junger Arzt um die dreißig wandert durch New York, interessiert sich für Architektur, hört klassische Musik, trifft Immigranten und Internierte und mäandert in alle möglichen Themen hinein: Ground Zero, ehemalige Sklavenfriedhöfe im Financial District, das Abschlachten der Indianer am Hudson River, Bürgerkrieg in Liberia, Gustav Mahlers Krankheit, Bienensterben als Vorzeichen für andere Katastrophen und Bettwanzen in New York.[1]

Lange Wanderungen über die Insel Manhattan bringen das alles zusammen. »And so when I began to go on evening walks last fall«, lautet der erste Satz der wohligmelancholisch wattierten Past-Tense-Prosa in, ja, ich muss es sagen, W. G. Sebald'scher Manier. Es dauert einige Kapitel, bis verraten wird, dass der peripatetische Erzähler namens Julius in Lagos aufgewachsen ist, sein toter Vater Nigerianer war und die Mutter, zu der er keinen Kontakt mehr hat, eine Deutsche ist.

Diese familiäre Konstellation und die Gegenwart in New York öffnen einen weiten Erzählraum. Afrika, Europa und Amerika bilden das große atlantische Dreieck über dem Text, in dem die Stadtspaziergänge, die kleinen Wanderungen immer wieder die großen Migrationen evozieren. »Open City« ist postkolonial, postnational, wahrscheinlich auch post-postmodern, auf jeden Fall aber ein Roman ohne Plot. Eigentlich passiert nicht viel. Der Protagonist trennt sich von seiner Freundin, trifft zufällig eine alte Bekannte aus Nigeria und fliegt im Winter für einen Monat nach Brüssel, um dort Urlaub zu machen – darauf muss einer auch erst einmal kommen. Es regnet dann viel in der Hauptstadt der Europäischen Union, der Spaziergänger besucht Museen, begegnet anderen Fremden und examiniert die alte, von kolonialer Ausbeutung des Kongos finanzierte Pracht, die er voller Immigranten findet.

Vergeblich versucht Julius, das war ein Vorwand für die Reise, seine »German Oma« zu finden. Er vermutet sie in einem Altersheim irgendwo in Brüssel, weiß aber nicht einmal, ob sie überhaupt noch lebt. Diese »German Oma«, die das Kriegsende in Berlin erlebt hat, liefert ihm jedoch einen Anlass, sich über seinen Anteil an der deutschen Schuld Gedanken zu machen. Der Punkt, an dem ich lachen muss, ist damit fast erreicht, totale Melancholie wird eben irgendwann komisch.

Statt der deutschen Großmutter findet er vorübergehend Heimat in einem Internet- und Telefoncafé – schöner, symbolischer Nicht-Ort der Ausgewanderten – und freundet sich mit einem marokkanischen Studenten an, der, hallo Zufall, Experte für Literaturtheorie ist. Interessante Gespräche folgen, Leser müssen sich nicht unterfordert fühlen.

Von einer älteren belgischen Bekannten wird er einmal nach seiner Muttersprache gefragt, es heißt daraufhin: »For a second, I thought I might tell her that German, not English, was my second language, the private language between my mother and myself until I was five, the language I later totally forgot ... But I didn't want to get into the intricacies of the story, so I told her that Yoruba was my first language. It's the second biggest of Nigeria's native languages, I said. I spoke only Yoruba until I began primary school.«

Gibt es nicht noch einen anderen, gerade sehr berühmten Amerikaner mit einem afrikanischen Vater? In Washington? Im Weißen Haus? Ich will nun nicht behaupten, ich hätte den Barack Obama der neuen amerikanischen Literatur gelesen (herrlich bescheuerte Vossianische Antonomasie), nein, und es sei auch dahingestellt, ob dieser Roman überhaupt ein nationales Etikett verdient, eine Great American Novel ist er jedenfalls nicht. Migrantische Weltliteratur schon eher. Ein wenig schade darf ich es am Ende natürlich finden, dass der Erzähler die Sprache, die er mit seiner Mutter gesprochen hat, vergessen und dieses Buch nicht auf Deutsch geschrieben hat. Es wäre wohl ein ganz anderes. Hätte ich auch gern gelesen.

Ich sitze auf der Insel Elba, ich sitze auf einem Felsen am Meer. »Open City«, den Roman, der mir gefallen hat wie lange keiner, habe ich zugeklappt, ich lese nun »Der Graf von Monte Christo«. Das passt sehr gut, denn die

Insel Monte Christo kann ich von meinem Felsen aus sehen. Wie das perfekte Eiland ragt sie (und sieht ganz nah aus, aber das täuscht, es sind mindestens dreißig Seemeilen) vor mir aus dem Wasser. Das blaue Wasser wird in der Übersetzung, die ich lese – das Haus, in dem ich wohne, steht voller deutscher Bücher – immer das Mittelländische Meer genannt.

Den »Grafen von Monte Christo« habe ich schon einmal gelesen, lange her, ich muss dreizehn oder vierzehn gewesen sein. Kommt mir allerdings so vor, als wäre das damals ein dünneres Buch gewesen, eine gekürzte Fassung, ein Jugendbuch, denn in der Ausgabe, die ich jetzt in der Hand habe (eine ältere von Aufbau, die keinen Übersetzer angibt), folgen auf den Schatzfund des Helden um Seite dreihundert herum noch fünfhundert Seiten Gesellschaftsroman.

Ich springe durch die ersten, sehr schematisch angelegten, unerträglich operndeutlichen Kapitel. Spannend wird es ab der Verhaftung des Helden Edmond. Mit seiner Gefangenschaft auf dem Château d'If beginnt der Bildungsroman, die Gefängnisjahre auf der Felseninsel vor Marseille sind die Lehr- und Studienjahre des zukünftigen toskanischen Zufallsgrafen (so nennt er sich später selbst einmal). Der weise Abbé Faria aus dem Kerker nebenan wird, welch ein Privileg, sein Privatlehrer. Von ihm lernt er Fremdsprachen, mit ihm studiert er Mathematik und erfährt alles über die Welt, von der er nichts sieht. Den eigentlichen Schatz, mit dem er später wuchern wird, hat er also schon gehoben – lange bevor er das Gold auf der Insel findet und zu all seinem Wissen Fantastillionen hinzugewinnt.

Mir gefällt die Idee, dass die Bildung das eigentliche Kapital darstellt, für das man sich eben ein paar Jahre in Gefangenschaft begeben muss – leider war ich, schade, während meiner Schul- und Studienjahre nie lange genug eingesperrt.

Das Haus, in dem ich für drei Wochen wohne, ist das Haus einer verstorbenen Tante. Die Tante war aber gar nicht meine Tante, ihr Anwesen heißt bloß Casa Zia. Heute gehört es einer Stiftung, die ihre Gäste zu temporären Nichten und Neffen dieser großzügigen Tante macht. Wir werden sehr verwöhnt. Jeden Abend kommt ein Koch und serviert ein Drei-Gänge-Menü, morgens um neun ist der Frühstückstisch gedeckt. Es gibt einen Gärtner, einen Weinberg, einen Privatstrand und die Privatfelsen, von denen ich nach Monte Christo schaue. Kein Wunder, dass ich mir wie in einem Roman des 19. Jahrhunderts vorkomme.

Mit mir wohnen ein englischer Maler, eine schottische Installationskünstlerin und eine russisch-amerikanische Choreografin in der Villa. Mehrere Abende diskutieren wir, wie der große Raum genannt werden muss, in dem wir uns nach dem Essen auf mehreren Sofas um den schwarzen Steinway herum verteilen und Hauswein trinken. Der Engländer erklärt und belehrt sehr gerne – er hat vielleicht zu lange an einer Kunsthochschule unterrichtet – und hält sich nicht zurück, uns die sozialen Distinktionen auseinanderzusetzen, die mit den Bezeichnungen »living room«, »sitting room« und »drawing room« einhergehen. »Lounge« gehe ganz und gar nicht, meint er, »lounge« sei vulgär und amerikanisch. Aha. Ich habe mein Deutsch für mich allein und kann still und leise, und sooft ich will »Wohnzimmer« sagen.

Während der manchmal zähen, gelegentlich bemühten Gespräche über Kunst (muss man an einem so schönen Ort schöne Bilder malen?) und die britische Monarchie (die Schottin möchte die gesamte Royal Family guillotinieren lassen, die Alternative, sie zurück nach Deutschland zu schicken, sagt mir weniger zu) durchstöbere ich die Regale. Hier wurde wahrscheinlich um 1980 herum aufgehört, Bücher zu kaufen. Es gibt Prunkregale mit Prachtausgaben des 19. Jahrhunderts, viel über Napoleon, Belangloses, ein bisschen Schund und ein paar Raritäten (oder was ich dafür halte, ohne Internet kann ich das nicht überprüfen).

Ich blättere in einem frühen deutschen »Tristram Shandy«, zu »Tristram Schandi« germanisiert, sehe eine Heine-Ausgabe von 1863, mehrere Meter Goethe, angegilbt, die weitverbreitete zweibändige Stifter-Biografie von Alois Raimund Hein, sehr viel Rilke und eine Erstausgabe von Klaus Manns Erzählungen »Vor dem Leben« von 1925. Als Sechzehnjähriger, als ich ein großer Klaus-Mann-Verehrer war, hätte mich das sehr begeistert. Zwischen Gedichten von Ernst Wiechert und einigen signierten

Ausgaben von Werner Bergengruen entdecke ich auch einen Band, der den fünfzigsten Geburtstag des Piper Verlags feiert – und muss grinsen, denn mir fällt ein, dass ich zu Hause ein Großformat im Regal habe (oder hatte, habe ich das Buch beim letzten Umzug vielleicht schon entsorgt?), das über hundert Jahre Piper jubiliert. Und, frage ich mich nun, wird meine kleine unbedeutende Büchersammlung, wenn sie denn in fünfzig Jahren noch irgendwo zusammenstehen sollte (sehr unwahrscheinlich), nicht noch viel sonderbarer zusammengewürfelt und veraltet aussehen?

»Der Graf von Monte Christo« verschafft mir einen tiefen, schweren Lektürerausch. Ich kann nicht aufhören, ich lese die Nacht durch bis zum Frühstück (um neun wird gerufen, der Tisch ist gedeckt) und nach der Frühstücksunterbrechung weiter. Die Schottin liest den »Grafen« ebenfalls, auf Englisch, wir tauschen uns aus und finden es beide sehr schön, ja genießen es, wie der Held die Rache an seinen früheren Bekannten auskostet. Er rächt sich an den Intriganten, die ihn unschuldig ins Gefängnis brachten. Ihnen war es in den spätnapoleonischen Wirren und während der Restauration gelungen, vom einfachen Soldaten zum General, vom Buchhalter zum Bankier und vom kleinen Beamten zum Minister aufzusteigen, an die Spitze der Pariser Gesellschaft. Monte Christo, sein Vermögen macht ihn unwiderstehlich und omnipotent, schubst sie wieder hinunter, er ruiniert sie alle. Ja, das ist große Oper.

Und wie ich da so lese und versinke, fällt mir auf, dass ich dieses gierige Verschlingen, den Überkonsum in den letzten Jahren viel öfter mit Serien als mit Büchern betrieben habe. Serien sind jetzt meine Schmöker: »Six Feet Under«, »The Sopranos«, »The West Wing«, »Curb Your Enthusiasm«, »The Office (US)«, »30 Rock«, »Mad Men« und, ja, auch »Lost«.

An »Lost« muss ich nun öfter denken, weil ich doch auf einer Insel bin. Die Serie erzählt in sechs Staffeln von den Abenteuern einer Gruppe von Flugzeugpassagieren, die einen Absturz auf eine sehr seltsame Insel überleben. Mit Zeitreisen, Rauchmonstern, vielen philosophischen Anspielungen, Zahlenmystik und Toten, die wieder auferstehen. Berge gibt es hier wie auf der »Lost«-Insel, manchmal sehe ich auch Rauch aufsteigen. Bloß eine geheime Station der DHARMA Initiative habe ich auf meinen Wanderungen bisher nicht gefunden.

An einem Abend blättere ich in die frühen Erzählungen von Klaus Mann hinein, stelle sie aber bald wieder zurück ins Regal. Was habe ich an diesem Autor, dem berühmten Sohn, mal gefunden? Habe ich Klaus Mann nicht verehrt? Ich weiß nicht mehr warum, vermute jedoch, dass es mit dem berühmten Foto zusammenhängt, das ihn mit seiner Schwester und Zigarette im Mund zeigt.

Ich habe Bücher eines anderen Sohnes mit auf die Insel geschleppt, »Veit« und »Hitler war meine Mitgift« von Thomas Harlan. Sohn seines Vaters zu sein, war das große

Lebensthema des Filmemachers (»Torre Bela«, »Der Wundkanal«), das postum erschienene Buch »Veit« ist eine letzte Auseinandersetzung mit dem Vater, dem »Jud-Süß«-Regisseur Veit Harlan.[2]

In »Veit« erinnert Thomas Harlan sich unter anderem daran, wie er in den sechziger Jahren an das Sterbebett seines Vaters auf die Insel Capri gerufen wurde. Erzählt wird in einer sehr eigenen Sprache, in einem Deutsch mit einem besonderen Ton, das ein wenig wie eine Privatsprache klingt. Kommt dieser besondere Ton vielleicht daher, dass Harlan die meiste Zeit seines Lebens nicht in Deutschland, sondern in Frankreich (in den späten vierziger Jahren, mit Gilles Deleuze und Klaus Kinski, er schrieb damals auf Französisch), in Polen (wo er, finanziert von Giangiacomo Feltrinelli, über Jahre in Archiven nach Beweismaterial für NS-Verbrechen suchte) und Italien (als Aktivist der Lotta Continua) verbrachte? Deutschland war ihm ein fremdes Vaterland, das er nicht betreten durfte, er wäre sonst verhaftet worden. Warum? Weil ihm die Ehre zuteilwurde, 1964 in der Bundesrepublik wegen Landesverrats angezeigt zu werden. Und wer war dafür verantwortlich? Ein gewisser Hans Globke, Adenauers berüchtigter Staatssekretär, der Autor des Kommentars zu den Nürnberger Rassegesetzen.

Von seinem romanhaften Leben erzählt Harlan in »Hitler war meine Mitgift«, Gesprächen, die Jean-Pierre Stephan mit ihm geführt und später herausgegeben hat. Harlan berichtet von frühen Reisen mit falschen Pässen ins eben erst gegründete Israel, den absurden Intrigen der polnischen Kommunisten, schwärmt von Wanderungen durch die Sowjetunion während der fünfziger Jahre, berichtet vom Kampf gegen Pinochet in Chile, chaotischen Dreharbeiten während der portugiesischen Nelkenrevolution und von den vielen, vielen deutschen Kriegsverbrechern, den Befehlsgebern, Ingenieuren und Handlangern der Tötungsindustrie, denen er über viele Jahre nachspürte.

Thomas Harlan starb im Herbst 2010, ausgerechnet in Berchtesgaden, nicht weit vom Obersalzberg, wenige Tage nach der Fertigstellung des Manuskripts von »Veit«. Er hat das Buch diktiert, verrät er in einer Vorbemerkung. Vielleicht ist das ein Grund für den rhetorischen Sog, der in dem Text zu spüren ist. Der Sog dieser starken Stimme erinnert mich hier, auf Elba, kurioserweise an »Loslabern« von Rainald Goetz. Ja, Thomas Harlan hat, auf dem Krankenbett liegend, angefangen loszulabern. Und statt der Protagonisten des Berliner Kultur- und Politikbetriebes wie bei Goetz tanzen in seinem Buch der große Vaterkörper, die Stiefmutter Kristina Söderbaum, Joseph Goebbels, der Erfinder der Gaskammer Blaurock-Kallmeyer, Stanley Kubrick (der Vater Veits Beerdigung bezahlt) und die Sehnsuchtsinsel Capri durcheinander.

Auf der Fähre nach Piombino – der Graf von Monte Christo segelt nicht vorbei, aber ich winke seiner Insel – lese ich im New Yorker einen neuen kurzen Text von Teju Cole. Er erzählt, wie er nach Amerika kam, allein, siebzehn

Jahre alt, aus Nigeria. Die Einreise in die USA war kein Problem für ihn, denn Teju Cole (das unterscheidet ihn von dem Protagonisten seines Romans) ist in Kalamazoo, Michigan, geboren. Er besitzt einen amerikanischen Pass und hat seine ersten fünf Lebensmonate in den USA verbracht, bevor er mit seinen nigerianischen Eltern in Lagos aufwuchs.

Er kommt dann zurück in den Mittleren Westen, von allen möglichen Universitätsstädten Amerikas haben seine Eltern die kleine Stadt in Michigan für ihn ausgesucht. Cole kommt zurück, fast wie der Graf von Monte Christo. Nur eben nicht nach Paris, sondern nach Kalamazoo, nicht reich, sondern eher arm, (er arbeitet bald bei McDonald's), und nicht um sich zu rächen, sondern um Kunstgeschichte zu studieren. Er fängt dann an, sich neue Erinnerungen auszudenken.

Eine Woche später stehe ich in Linz am Hauptbahnhof, brauche noch etwas zu lesen und finde bei Morawa (»Morawa heißt Lesen«, so geht die Werbung) zwei Taschenbücher von Walter Kappacher, ich kaufe beide. Sein Roman »Der Fliegenpalast« (toller Titel) hat mir zwei Jahre zuvor sehr gefallen, obwohl mich alles, was ich zuvor darüber gehört hatte – Künstlerroman, Sommerfrische in Bad Fusch, alternder Hugo von Hofmannsthal –, eigentlich hätte abschrecken müssen. Dann aber war ich so angetan von dieser Prosa.[3]

»Ein Amateur«, Roman aus dem Jahre 1993, beginne

ich noch in Österreich zu lesen, und obwohl der Zug mich dann über Passau und Nürnberg Richtung Berlin bringt, bin ich mit diesem Buch die ganze Zeit über in Salzburg. Ich fahre mit dem Erzähler auf dem Fahrrad und seinem ersten Motorrad kreuz und quer durch die Stadt und die Nachkriegszeit an der Salzach. Der junge Mann, mit dem ich da unterwegs bin, weiß nicht so recht, was er werden will. Er lernt Motorradmechaniker, versucht sich an einer Schauspielschule, arbeitet in einem Reisebüro. Er liest, spaziert durch die Stadt, klettert über Berge und träumt von Italien. Und ich bin wieder ganz verzaubert von der Zurückhaltung, die in dieser Stimme liegt. In Berlin-Gesundbrunnen habe ich das Buch ausgelesen.

Einen Tag später fange ich mit dem zweiten Taschenbuch an, »Selina oder Das andere Leben« (2005) erzählt von einem Mann, der ein Jahr mit sich selbst in einem alten Haus (mehr Ruine als Haus) in der Toskana verbringt. Ich lese und bin schon wieder in Italien.

---

1 Teju Cole, *Open City*. New York: Random House 2011; *Open City*. Aus dem Englischen von Christine Richter-Nilsson. Berlin: Suhrkamp 2012.

2 Thomas Harlan, *Veit*. Reinbek: Rowohlt 2011; *Hitler war meine Mitgift*. Reinbek: Rowohlt 2011.

3 Walter Kappacher, *Der Fliegenpalast*. München: dtv 2010; *Ein Amateur*. München: dtv 2011; *Selina oder das Andere Leben*. München: dtv 2009.

Der letzte Spießer

Auf einer Hochzeitsfeier in einem ehemaligen Kreuzberger Offizierskasino, heute ein Nachbarschaftsheim, sitze ich neben einer Frau, die während des Essens erzählt, sie übersetze gerade einen Roman von Emmanuel Carrère. Emmanuel Carrère? Der Name kommt mir bekannt vor, es dauert allerdings, bis mir einfällt, dass ich zehn oder elf Jahre zuvor »L'Adversaire« gelesen habe, Carrères romanhafte Nacherzählung eines authentischen französischen Kriminalfalls.[1]

Geschildert wird die Geschichte eines Mannes, der während seines Medizinstudiums einmal eine Prüfung verpasst und sein Studium nie abschließt, dies jedoch vor seiner Familie und seiner Frau verheimlichen kann. Man wohnt in der Nähe von Grenoble, er gibt vor, in Genf beschäftigt zu sein, und finanziert die große Lebenslüge, indem er ihm anvertraute Vermögen veruntreut – er versichert, Zugang zu privilegierten Anlageformen zu haben. Kurz bevor nach unglaublichen achtzehn Jahren doch alles auffliegen muss, bringt er seine Eltern, seine Frau und seine Kinder um; er selbst jedoch wird nach einem dilettantischen Selbstmordversuch gerettet, verhaftet, verurteilt und eingesperrt.

Der Schriftsteller und Filmemacher Emmanuel Carrère, Sohn der berühmten französischen Historikerin Hélène

Carrère d'Encausse (die schon 1978 den Untergang der Sowjetunion vorhersagte), erzählt nicht nur den Roman dieses sonderbaren Lebens, er beschreibt auch, wie aus dem Stoff und diesem monströsen Charakter der Protagonist seiner Erzählung wird.

Ein Verfahren, das Carrère auch bei »D'autres vies que la mienne« anwendet, dem Buch, das die Übersetzerin an der Hochzeitstafel mir empfiehlt.[2] Der Autor selbst bezeichnet es als das positive Gegenstück zu jenem über den mehrfachen Mörder. Es beginnt mit dem Tsunami im Jahr 2004, der Erzählerprotagonist erlebt ihn in Sri Lanka. Er berichtet von einigen Leben, die von dieser einen großen Welle auf den Kopf gestellt werden, ein Kind, das eben noch am Strand gespielt hat, ist tot. Die Breitwanderzählung von der Gewalt des Wassers, der Verwüstung, den vielen Toten und den Reaktionen der Überlebenden ist dann aber bloß der Auslöser, eine ganz andere Lebens- und Sterbensgeschichte zu erzählen: die von Carrères junger, an Krebs erkrankter Schwägerin, einer sich für Verbraucherrechte engagierenden Richterin in der französischen Provinz. Als sie stirbt, hinterlässt sie drei kleine Kinder und einen Mann, der seine Familie vom Comiczeichnen kaum ernähren kann.

Carrère erzählt alles, als sei es genauso gewesen, als reine Zeugenschaft, aus erster Hand. Er berichtet von der Recherche, seinen langen Gesprächen mit einem ehemaligen Kollegen der Toten, er inszeniert die Suche nach dem Stoff und den Versuch, diesen zu beherrschen.

Stimmt das alles? War das so? Ich glaube einem Autor gar nichts, besonders dann nicht, wenn er (wie Carrères Erzähler) behauptet, alles sei so gewesen. Trotzdem wird hier so gut erzählt, dass ich mich ungeheuer für die Sterbegeschichte seiner Schwägerin und für Verbraucherrechte interessiere. Und für Carrères Interesse an diesem anderen Leben.

Liegt das vielleicht, frage ich mich dann, am Französischen? Klingt auf Französisch nicht fast alles viel besser? Ist es der Fremdsprachenschleier, der mir alles weichzeichnet, käme mir die gleiche Geschichte auf Deutsch und nur ein bisschen weniger elegant erzählt vielleicht sentimental vor? Vielleicht, ich weiß es nicht.

Nachdem »D'autres vies que la mienne« mir so gut gefallen hat, lese ich auch »Limonov«, Carrères in Frankreich im Herbst 2011 erschienenes, preisgekröntes Buch über den russischen Schriftsteller und Politiker Eduard Limonow.[3] Carrère lernte ihn in den achtziger Jahren in Paris kennen. Damals war Limonow, Jahrgang 1943, ein von der Sowjetunion ausgebürgerter Dichter des Moskauer Untergrunds, einer, der kein Dissident sein wollte. Carrère schreibt Limonows Biografie, weil er nicht schlecht staunt, als er diesen Mann im Jahr 2006 im Rahmen einer Recherche in Moskau wiedertrifft: Der ehemalige Exilschriftsteller ist nun der Führer der westlichen Beobachtern faschistisch anmutenden Nationalbolschewistischen Partei Russlands und immer und überall von schwarzgekleideten, oft kahl rasierten Mitgliedern seiner Jugendorganisation umgeben.

Das große Staunen über die seltsame Karriere und das turbulente Leben des Eduard Limonow, der eigentlich Eduard Weniaminowitsch Sawenko heißt, zieht sich durch das gesamte Buch. Um dieses Leben zu erzählen, greift Carrère auf die autobiografischen Romane Limonows zurück, spricht mit ihm, trifft Weggefährten und befragt sich immer wieder selbst, warum dieser widersprüchliche Mann ihn so sehr fasziniert.

Angefangen hat Limonow als Kleinkrimineller in einer Vorstadt von Charkow, damals Sowjetunion, heute Ukraine. Er wird Bohemien, Dichter und Hosenschneider in Charkow, dann in Moskau. Er reist aus, bleibt einige Jahre in New York, arbeitet als Haushälter eines Milliardärs und zieht in den achtziger Jahren nach Paris, dort werden seine Bücher erstmals verlegt. Als erfolgreicher Schriftsteller kommt er, was er nie für möglich gehalten hatte, zurück nach Russland, bekommt wieder einen russischen Pass. Seine Bücher erscheinen, er wird berühmt und immer politischer. Er verachtet Gorbatschow und Jelzin, er hätte gern das Imperium, die große Sowjetunion zurück. Er kandidiert bei Wahlen, beteiligt sich am Putsch gegen Jelzin und wird, vielleicht möchte er sterben, Soldat im Jugoslawienkrieg – als Kriegsfreiwilliger auf serbischer Seite. Es existiert eine Filmaufnahme, die zeigt, wie er Schüsse auf das belagerte Sarajewo abfeuert. In Paris ist er damit als Schriftsteller erledigt, fortan widmet er sich der

Politik in Russland. Wegen verfassungsfeindlicher Betätigung und angeblicher terroristischer Umtriebe wird er 2001 verhaftet, verurteilt und eingesperrt, er nutzt die Zeit im Gefängnis und im Arbeitslager, um drei weitere Bücher zu schreiben.

In Frankreich war »Limonov« ein großer Erfolg, vielleicht aus dem Grund, aus dem auch Carrère sich so sehr für dieses andere Leben interessierte? An einer Stelle im Buch erklärt er das Faszinosum: Da ist der Mann Limonow, der durch zwei, drei, vier, fünf, sechs Welten geht und sich immer wieder neu erfindet, während er, Carrère, Sohn einer Mutter, die der Académie française vorsitzt, seit seiner Geburt im mehr oder minder gleichen Pariser Milieu lebt.

Natürlich möchte ich nun, nachdem ich mit Carrère durch Limonows Biografie gewandert bin, ein Buch von Limonow selbst lesen. In Deutschland ist er als Autor kaum bekannt, einiges wurde früh, nach dem Erfolg in Frankreich, übersetzt; heute sind fast alle Titel vergriffen. Nur »Fuck off, Amerika« ist lieferbar und leicht zu finden.[4] Dabei handelt es sich um sein erstes, in Frankreich veröffentlichtes Buch. In der Sowjetunion kursierten bloß Abschriften seiner Gedichte, diese aber wohl in großer Zahl. In Moskau war er ein zwar unveröffentlichter Dichter, aber immerhin ein Dichter, in New York ist er ein Niemand. »Fuck off, Amerika« erzählt, wie er sich im ihm so fremden Amerika der siebziger Jahre – seine russische

Frau, die schöne Helena, hat ihn verlassen, um Fotomodell zu werden – als Umzugshelfer und Abräumkellner durchschlägt, auf der Straße landet und schließlich von der Wohlfahrt lebt. Ja, er lebt den antiamerikanischen Traum, und Alkohol spielt eine große Rolle.

Und wieso trägt die französische Ausgabe den Titel »Le poète russe préfère les grands nègres«? Limonow, der auch im Buch Limonow heißt, tröstet sich nach der Trennung von seiner Frau mit homosexuellen Affären. Ansonsten sitzt er meist auf dem Minibalkon seines Hotelzimmers und sonnt seinen Astralleib, sein Teint ist ihm sehr wichtig. Überhaupt: der Körper. Sehr viel ist in diesem bukowskihaften Buch von seinem Schwanz die Rede, sein Schwanz läuft, rennt, spaziert, marschiert durch Manhattan, immer auf der Suche, kreuz und quer. Limonow meint, niemand sei so viel durch diese Stadt gegangen wie er, immer zu Fuß, immer in hochhackigen Schuhen, herausgeputzt, das Hemd offen, damit das Goldkettchen und das Kreuz um den Hals zu sehen sind.

Warum erinnere ich mich an die Bücher von Carrère und Limonow und nicht an andere, die ich in der letzten Zeit gelesen habe? Emmanuel Carrère könnte ganz beiläufig erzählen, wie sich aus der zufälligen Begegnung erst das eine, dann das andere ergab und sich das zweite und dritte zum vierten fügte, bis er gar nicht anders konnte, als genau diesen Text zu schreiben. Ich hingegen kann mich bloß wundern, dass es anscheinend einen inneren Lektürekompass gibt, ein Büchernavigationsgerät, das auf geheimnisvolle Weise immer zu den passenden Druckerzeugnissen führt.

Viele Bücher bleiben lange liegen, ein halbes oder ein ganzes Jahr, neben dem Bett oder dem Sofa im Wohnzimmer, manche kommen eines Tages ins Regal der Ungelesenen, da stehen sie und verstauben und warten auf den Tag, an dem sie vielleicht doch noch aufgeschlagen werden. Die meisten warten vergeblich. Na ja, sie warten wahrscheinlich gar nicht, ich nehme an, es ist ihnen ziemlich egal, ob sie gelesen werden oder nicht. Sie stehen einfach bloß da.

Ich greife zu einem Buch aus dem Stapel neben dem Bett, sein Titel lautet »Gehen«, der Autor ist Norweger und heißt Tomas Espedal. »Gehen« ist ein Buch, in dem ich einige Abende lang herumspaziere.[5] Was bedeuten soll: Ich lese es nicht streng von vorne nach hinten, sondern schlage es einfach auf und springe hin und her. Ich weiß, das ist eine Unsitte, aber was soll ich tun? Der Protagonist dieses Romans (mit dem eher dämlichen Untertitel »Oder die Kunst, ein wildes und poetisches Leben zu führen«) verhält sich ähnlich, er wandert, teils allein, teils mit einem Freund, durch Frankreich, Norwegen und Griechenland, übernachtet oft im Freien, trifft in Todtnauberg Heideggers Enkel, steht nachts, er ist zu Fuß aus Paris gekommen, vor dem kleinen Backsteinhaus in Roche, in dem Rimbaud »Une saison en enfer« geschrieben hat, trinkt viel und studiert Bücher, in denen spazieren gegangen wird. Ich glaube, es ist der erste aus dem Norwegischen übersetzte Roman, den ich lese, ich erinnere mich an keinen anderen. Hamsun fällt mir erst später wieder ein. Und auf Knausgård stoße ich erst im folgenden Jahr.

»Wenn die Stiefel gut sind, wenn die Rucksäcke nicht zu viel wiegen und auf dem Rücken unmerklich werden, wenn die Kleider trocken sind und sich noch nicht mit Schweiß und Regen vollgesogen haben, lässt es sich gut gehen. Dann gibt es nichts Besseres, als zu gehen; sich aus eigener Kraft fortzubewegen, einen Fuß vor den anderen zu setzen und in eine Form des Vergessens hineinzugehen, die zugleich eine gesteigerte Gegenwärtigkeit ist«, lese ich in diesem Buch und möchte gleich los, liege aber leider schon im Bett, bin müde, und das Buch fällt zu. Als ich aus dem Sekundenschlaf erwache, bemerke ich allerdings wieder einmal, dass nicht nur E-Book-Reader sich merken, auf welcher Seite die Lektüre unterbrochen wurde, auch gebundene Bücher haben dieses Gedächtnis. Einmal aus Versehen zugefallen, blättern sie fast immer wie von selbst genau die Seite wieder auf, die zugeschlagen wurde.

Ein Buch, das lange auf dem zweiten, zugekramten Tisch in der Küche lag, ist László Krasznahorkais »Melancholie des Widerstands«.[6] Dann aber, ich glaube, mir war langweilig, öffne ich es doch, fange an zu lesen und lese mich sofort fest, von der ersten Seite an. Es ist ein Buch, in dem es gewaltig bröckelt, der Putz fällt, Bäume knicken um, und der Müll bleibt auf den Straßen der kleinen namenlosen, seltsam aus der Zeit gefallenen Stadt in Südostungarn liegen. Die zunehmende Verwahrlosung wird in langen, oft unglaublich langen atmenden Sätzen erzählt. Gefällt mir, diese Prosa mit gewaltiger Melodei.

Eine der Figuren, ein missratener Sohn, der als schwachsinnig gilt, muss immerzu spazieren, rücksichtslos gegen sich selbst geht er durch die Nacht, er bemerkt, dass sich etwas zusammenbraut. Eine kuriose Schaustellertruppe, ein Wanderzirkus, hat ein großes, rätselhaftes Dingsymbol in die kalte Stadt gebracht: einen ausgestopften Wal. Die Meute, die ihn sehen will, schwillt immer weiter an, es kommt zu einem Aufstand. Um sich vor diesem zu schützen, vernagelt eine andere der halb erstarrten Figuren, ein Mann, der bis dahin jahrelang nur im Bett lag, die Fenster seines Hauses mit Brettern – dummerweise von innen, wie ihm erst später, nach dieser symbolischen, in manischer Ausuferung geschilderten Selbstvernagelung auffällt.

Die Parabel von Stillstand und Zerstörung, erstmals 1989 erschienen, endet mit einer Beerdigung, einer großartig verlogenen Grabrede und der sehr ausführlichen technischen Beschreibung aller biochemischen Vorgänge einer Verwesung. Wollte ich nicht immer schon wissen, wie eine Leiche sich zersetzt?

Manchmal komme ich nachts auf dem Heimweg über die Museumsinsel an einem Haus am Kupfergraben vorbei.

Zwei Polizisten stehen Tag und Nacht davor, es ist das Haus, in dem Angela Merkel wohnt. Sie schläft wahrscheinlich noch nicht, die mächtigste Frau des Planeten, sage ich mir dann, und muss, das Pergamonmuseum im Blick, an die Folge der amerikanischen Serie »South Park« denken, in der eine Zeichentrick-Angela mit einer Pistole in der Hand in die Aula der Elementary School von South Park einmarschiert. Sie und ihre Entourage aus Ministern wollen nicht dulden, dass South Parks Schüler die Deutschen als das unlustigste Volk der Welt bezeichnen. Um diese Behauptung zu widerlegen, hat Frau Merkel ein Produkt deutscher Ingenieurskunst mitgebracht, einen Stand-up-Comedian-Roboter, der bald in ganz Amerika große Erfolge mit schlechten Witzen feiert – eines Tages jedoch, das deutsche Wesen steckt eben auch in deutschen Apparaten, seine Zuschauer mit MG-Salven niedermetzelt. Anschließend möchte er noch, final joke, die Weltherrschaft übernehmen und die Menschheit auslöschen.[7]

»South Park« von Trey Parker und Matt Stone eine Zeichentrickserie zu nennen, greift zu kurz. »South Park« ist gezeichnetes Feuilleton, voller aktueller Referenzen, meist böse und immer sehr lustig. Schaue ich gern.

Ein Freund schenkt mir den ersten Band von Erich Mühsams »Tagebüchern«, eine sehr schöne Ausgabe in schwarzem Leinen mit leuchtend roter, tief geprägter Schrift und ohne Schutzumschlag.[8] Dieses Buch sieht so gut aus, es steht erst neben, dann statt des verblühten Blumenstraußes auf dem Esstisch in der Küche. Nachts um halb eins, ich habe gerade eine neue Folge »South Park« gesehen, blättere ich hinein und fange, obwohl ich gar nicht möchte, an zu lesen. Ich muss doch ins Bett, schlafen – lese aber weiter, bis fünf Uhr früh. Und bin mit Mühsam in München, in der Schweiz und wieder in Schwabing, sitze in der Torggelstube mit Frank Wedekind und vielen anderen, deren Namen noch immer sehr bekannt sind, ich bin im Jahr 1911, hundert Jahre zurück. Liebe (Frauen, manchmal auch Männer) und Geld sind Mühsams große Themen, um Politik und Agitation geht es in diesen Aufzeichnungen nur am Rande. Viel wichtiger ist: wer mit wem und wer sich gerade von wem Geld leihen kann. Er lebt ein intensives Leben, der zärtliche Anarchist, aufregend geht es zu, dabei sind es, das schwebt über Mühsam und seinen Abenteuern, nur noch drei Jahre bis zum Ersten Weltkrieg.

Tagebuchlesen hilft bei Sehnsucht nach einem anderen Leben. Stillt sie allerdings nicht wirklich, diese Sehnsucht, aber immerhin, solange ich lese, bin ich ein anderer, bin für eine Nacht und bin es gerne, Erich Mühsam. Und als ich dann, das Tagebuch ist aus, wieder ich bin, komme ich mir wie der letzte Spießer vor. Das habe ich davon.

1 Emmanuel Carrère, *L'Adversaire*. Paris: P.O.L. 2000; *Amok*. Aus dem Französischen von Irmengard Gabler. Frankfurt am Main: S. Fischer 2001.

2 Emmanuel Carrère, *D'autres vies que la mienne*. Paris: P.O.L. 2009; *Alles ist wahr*. Aus dem Französischen von Claudia Hamm: Berlin: Matthes & Seitz 2014.

3 Emmanuel Carrère, *Limonov*. Paris: P.O.L. 2011; *Limonow*. Aus dem Französischen von Claudia Hamm. Berlin: Matthes & Seitz 2012.

4 Edward Limonow, *Fuck off, Amerika*. Aus dem Russischen von Jürgen Bavendam. Köln: Kiepenheuer & Witsch 2004.

5 Tomas Espedal, *Gehen oder die Kunst, ein wildes und poetisches Leben zu führen* (2006). Aus dem Norwegischen von Paul Berf. Berlin: Matthes & Seitz 2011.

6 László Krasznahorkai, *Melancholie des Widerstands*. Aus dem Ungarischen von Hans Skirecki. Frankfurt am Main: S. Fischer 2011.

7 *South Park, Funnybot*, Season 15, Episode 2. Zuerst ausgestrahlt am 04.05.2011 auf Comedy Central.

8 Erich Mühsam, *Tagebücher. Band 1. 1910–1911*. Herausgegeben von Chris Hirte und Conrad Piens. Berlin: Verbrecher 2011.

Darth Vader

Vor ihm war nur der Räuber Hotzenplotz, dann kam schon Darth Vader. Im Kino unserer Kleinstadt sah ich ihn zum ersten Mal, sah zum ersten Mal seinen glänzenden Helm, die schwarze Maske und den ebenso schwarzen Umhang. Und hörte zum ersten Mal seinen unglaublichen Atem. (Ähnliche Atemgeräusche kannte ich von meinem Vater. Er schnarchte, wenn er schlief, und das nicht zu leise – kommandierte aber leider keinen Sternenzerstörer.)

Mein Vater ging mit mir ins Kino, das Kino hieß Cinema am Markt. Dass »Cinema« bloß ein englisches Wort für Kino war, wusste ich noch nicht, ich sagte »Cineeema«, Betonung auf der zweiten Silbe, bis meine Schwester, leider nicht meine Zwillingsschwester, meine Aussprache korrigierte. Drei Kinos gab es in der Stadt, das besagte Cinema am Markt (später ein Supermarkt, dann, eine Zeit lang das Ausweichquartier der Stadtbücherei während deren eigentliche Räume umgebaut wurden), das Capitol (wurde zu einem Damenoberbekleidungsgeschäft, schade) und das Apollo-Theater mit einem schönen Fünfziger-Jahre-Schriftzug aus mildweißen Leuchtstoffröhren über dem Eingang (was aus dem Apollo wurde, weiß ich nicht mehr). Heute gibt es kein einziges Kino mehr in dieser Stadt.

»No, I am your father«, sagt Darth Vader in »The Empire Strikes Back«. Das war der Satz, über den ich am meisten staunte. Konnte es wirklich sein, dass dieser überböse schwarze Ritter der Vater der Lichtgestalt Skywalker war? Und die Prinzessin, war sie wirklich die Schwester, die Zwillingsschwester des Bauernjungen von Tatooine? Familienüberraschungen. Ich begann, mich, auch wenn ich das Wort damals nicht kannte, für Genealogie zu interessieren.

Den Satz, den ich heute auf Englisch im Ohr habe, muss ich damals, 1980, jedoch auf Deutsch gehört haben, ich sah ja die deutsche Synchronfassung. Auf Deutsch hieß der Film »Das Imperium schlägt zurück« und war schon der zweite Film einer Serie – verwirrenderweise wurde er jedoch als Teil V bezeichnet. Seltsam. Seltsam war auch der deutsche Verleihtitel »Krieg der Sterne«. Kämpfen da tatsächlich Sterne gegeneinander? Wie sollte das denn funktionieren? Wie kämpfen Sterne? Mit Schwertern? »Sternenkriege« hätte es heißen müssen – aber das fiel mir erst viel später auf.

Eine andere Frage, die mich beschäftigte: Der Lord der dunklen Seite der Macht, war er eigentlich ein Mensch? Oder doch eine Maschine? Ein Cyborg? Darth Vader zeigt ja, bis auf die Schlussszene im letzten Teil der Saga, als sein Sohn ihm den Helm abnimmt, kein Gesicht und nie eine Regung. Nur diese irre Stimme, der tiefe, bedrohliche Bass.

Zweieinhalb Jahrzehnte später erst wurde Darth Vaders Vorgeschichte nachgeliefert. In »Star Wars Episode III: Revenge of the Sith« (2005) wird erzählt, wie Anakin zu Vader wird. Von seinem väterlichen Freund und Lehrmeister Obi-Wan Kenobi im Kampf besiegt und verstümmelt rutscht Anakin Skywalker in einen Strom rot glühender Lava. Sein beinloser Rumpf beginnt zu brennen. Nur Dank seiner mechanischen Handprothese kann er sich halten – und wird vom überraschend eintreffenden Imperator gerettet. Roboterchirurgen operieren den Restkörper, verbessern und ergänzen ihn, passen ihm Superprothesen an und setzen ihm zuletzt den schwarzen Helm auf, Sichtgerät und Atemmaske zugleich – das Visier, das aus ihm Darth Vader macht.

In den letzten Jahren habe ich die Filme, alle sechs Teile, sehr oft gesehen. Das Kind, die Tochter will sie immer wieder sehen, kennt sie fast auswendig. Wir schauen die raubkopierten DVDs, die meine Schwester vor Jahren aus China mitgebracht hat. Und ich schaue immer mit, jetzt bin ich der Vater.

Einige Star-Wars-Figuren – Luke, Leia Organa, Obi-Wan und Darth Vader – liegen immer auf dem Tisch in der Küche. Die Figuren lassen sich auseinanderbauen und neu kombinieren, Prinzessin Leias Kopf sitzt oft auf Lukes Körper, Vaders Helm auf dem seiner Tochter.

Die Tochter und ich haben schon Sternenzerstörer aus leeren Medikamentenpackungen und abgeschnittenen Toilettenpapierrollen zusammengeklebt, wir haben die Stadt in den Wolken aus Küchenpapierrollen gebaut und versucht, eine funktionierende Geher-Marionette aus Pappe zu konstruieren, die Gelenke der Beine bestehen aus Nähgarn. Die angeklebten roten Papierstreifen sollen Laserstrahlen sein.

Das Ablenkungsmaschinchen

Zehn Wochen spaziere ich durch London und weiß bei jedem Schritt, dass ich keine Ahnung habe von dieser Stadt. Ein Gefühl, das mir gefällt, macht es mich doch zum sehr unbefangenen Beobachter. Alles ist neu und interessant, jede Straße, jedes Gebäude, jede Baustelle, jede Industrieruine. Ich laufe durch Stepney, Stoke Newington, Dalston, Bow und Highbury und immer wieder in die City, ich verfalle der Poetik der Ortsnamen und lese kaum, zumindest keine Romane. Ich lese den Stadtplan, die Netzspinne der Underground und Stadtzeitungen, in einer von ihnen, sie heißt Hackney Gazette, wird noch acht Monate nach den Unruhen des Sommers 2011 mit Bildern von Überwachungskameras nach Teilnehmern der London Riots gesucht.

Ich spaziere und verlaufe mich, aber das ist Methode, ich versuche, mich zu verlaufen, und verliebe mich in den hier und da bröckelnden Beton des britischen Brutalismus, den des Barbican Centre beispielsweise, die liebste Betonskulptur ist mir das National Theatre von Denys Lasdun gleich an der Themse.

Nachts lese ich mich durch Wikipedia: die Geschichte der London Underground, der Metropolitan Railway und der neueren London Overground, alles über die Bahnprojekte Thameslink und Crossrail, ich lese mich von einem Bahnhof zum nächsten, von Link zu Link, von London Bridge über Liverpool Street, Waterloo, Victoria bis zur schönen, heute wenig geliebten Euston Station. Ich lese das alles auf meinem Telefon, das ich noch immer Telefon nenne, obwohl ich gar nicht so oft mit ihm telefoniere; es kann ja viel mehr als telefonieren, mein kleines Zauberkästchen. Es weiß alles über fast alles, es kann sprechen und fotografieren und ich auf und mit ihm alles finden. Die Zukunft, die Ernst Jünger im Jahr 1949 erdacht hat, ich halte sie in der Hand. In seinem futuristischen Roman »Heliopolis« heißt das Gerät, das alles kann und Zugang zum Weltwissen bietet, »Phonophor«; er hat also beinah sogar den Namen des iPhones vorweggenommen. Hat Steve Jobs vielleicht Ernst Jünger gelesen?

Eines Tages finde ich ohne die Hilfe meines Phonophors (das ja auch als Navigationsgerät dient und anzeigen kann, wo auf der Erde ich mich gerade befinde, meistens zumindest) in die British Library, dieses seltsame Ziegelgebilde, das sich neben dem prächtig viktorianischen Kathedralbahnhof St Pancras so unentschlossen von der Euston Road zurückzieht. Sieht aus, als wolle dieses Gebäude lieber nicht auffallen – kann aber auch sein, dass ich für seinen architektonischen Liebreiz noch blind bin. Das Foyer füllt ein riesiger, sechs Stockwerke hoher Bronzeglaskasten, er bildet das Gehäuse für die King's Library, ledergebundene Buchrücken zeigen sich dort, schöne, dekorative Schwarten. Bei Bedarf kann ein haushoher Feuer- und Splitterschutz über den Kasten herabgelassen werden, der Mechanismus ist von der Cafeteria aus sichtbar.

Ich trinke einen Tee und besuche den Ausstellungssaal im Erdgeschoss, wenige Meter neben dem Zettel, auf dem John Lennon den Text von »Help!« notierte, liegt eine Gutenbergbibel hinter Panzerglas. Da stehe ich nun auf dickem Teppichboden im Dämmerlicht vor dem in Mainz gedruckten Urbuch (dem der westlichen Welt – ältere chinesische Druckerzeugnisse liegen gleich daneben) und spüre mein Telefon in der Hosentasche. Und muss an all die Bücher denken, die ich auf ihm gespeichert mit mir herum- und durch die Gegend trage: die komplette »À la recherche du temps perdu«, »Das Buch der Lieder«, den »Nachsommer«, »Die Göttliche Komödie«, »Max und Moritz«, »Leaves of Grass«, den »Struwwelpeter« und ein paar Hundert mehr. Mehr Text, sehr viel mehr, als ich in meinem Leben noch lesen werde, steckt in meinem kleinen schwarzen Kästchen.

Das Äquivalent eines anderen Zeitalters, ausgestattet mit dem Retina-Display seiner Zeit, sehe ich ein paar Tage später im Victoria and Albert Museum: italienische Tabakdosen des 18. Jahrhunderts im Smartphone-Format, verziert mit aus winzigen Glassplittern gelegten Mosaikbildern, die Splitter so klein, sie sind bloß unter der Lupe zu erkennen.

Über einen Link in einem Tweet auf meinem Telefon stoße ich auf einen längeren Text in The Atlantic, es geht um die Vermutung, die Erreger der Katzenkrankheit Toxoplasmose könnten auch für menschliche Verhaltensauffälligkeiten verantwortlich sein, eine Idee, die ein paar Tage bei mir bleibt.[1]

Machen Katzenklokeime uns zu anderen Menschen? Ist ein Parasit dafür verantwortlich, dass ich stunden-, ja tagelang auf dem Sofa herumliege und kreuz und quer herumlese? Werde ich vielleicht – der Gedanke, ich gebe es zu, gefällt mir – ferngesteuert von einem Virus in meinem Gehirn? Gehe ich deshalb hinaus, kaufe die Zeitung und mache mich auf, spaziere den Regent's Canal entlang bis zum Limehouse Basin und an der Themse, an diesem großartigen Fluss entlang, der schon nach Meer riecht? Muss ich deshalb vorbei an den aus der Nähe so banal wirkenden Hochhäusern von Canary Wharf bis zur Südspitze der Isle of Dogs, durch den Greenwich Foot Tunnel und auf dem Thames Path immer weiter am Ufer entlang über Woolwich Arsenal hinaus bis Thamesmead, wo Stanley Kubrick einst die Außenaufnahmen von »A Clockwork Orange« drehte?

Ja, wahrscheinlich ist es ein Virus, der mich befallen hat und zwingt, halbverrückte Spaziergänge zu unternehmen. Ich muss gehen, muss durch die Stadt mäandern, von Mile End über Bethnal Green, Shoreditch, Old Street und Clerkenwell Road bis Bloomsbury Way, quer über den Russell Square und in die Senate House Library – architektonisch ungefähr das Gegenteil der British Library. In der Verfilmung von »1984« dient das Gebäude als Ministry of Truth, auch in »Batman Begins« hat das Senate House eine Rolle. Der Lesesaal mit deutschen Büchern liegt sehr weit oben in diesem Monument der Einschüchterungsarchitektur, er bietet eine schöne Aussicht und leicht verstaubte Regalreihen.

Ich bleibe vor dem Sebald-Regal stehen und greife nach »Austerlitz«, dem Buch, das in englischer Übersetzung in fast jeder Londoner Buchhandlung ausliegt, oft als einziger deutscher Roman, nur der wiederentdeckte Hans Fallada leistet ihm hier und da Gesellschaft. Ich blättere ein wenig hinein, elf Jahre ist es her, dass ich »Austerlitz« gelesen habe, und finde, ich bin ein Glücksaufschlager, gleich folgende Sätze: »Mehr als ein Jahr lang ... bin ich bei Einbruch der Dunkelheit außer Haus gegangen, immer fort und fort, auf der Mile End und Bow Road über Stratford bis nach Chigwell und Romford hinaus, quer durch Bethnal Green und Canonbury, durch Holloway und Kentish Town bis auf die Heide von Hampstead, südwärts über den Fluss nach Peckham und Dulwich oder nach Westen zu bis Richmond Park. Man kann ja tatsächlich zu Fuß in einer einzigen Nacht fast von einem Ende dieser riesigen Stadt ans andere gelangen.« Dem ist nichts hinzuzufügen.

An den Samstagen gehe ich durch den steten Strom der Jogger am Regent's Canal entlang bis Broadway Market, schaue mich um, kaufe Brot und Äpfel, wundere mich über die vielen Franzosen und Deutschen, esse ghanaisches Stew, trinke Kaffee und sehe einen Peter-Handke-

Doppelgänger. Als er mir das erste Mal auffällt, sitzt er vor dem Café L'eau à la bouche in der Sonne und raucht. Und ich denke, er ist's wirklich, ja, mal nicht in Paris, sondern hier, in Hackney, London. Er zieht dann jedoch einen Blackberry aus der Innentasche seines Jacketts, in diesem Augenblick weiß ich, nein, er ist es nicht, dies ist nicht Peter Handke, Peter Handke hat sicherlich keinen Blackberry. Er hat wahrscheinlich ein iPhone.

Im Broadway Bookshop gegenüber stoße ich auf »Zona«, das neueste Buch von Geoff Dyer, im Spectator und im Guardian wurde es besprochen.[2] Es heißt, der Autor erzähle in diesem Buch Andrei Tarkowskis Film »Stalker« Einstellung für Einstellung nach. Das klingt hochinteressant und leicht verrückt, das Buch wird gekauft und in einer braunen Papiertüte über die London Fields und am Kanal entlang Richtung Mile End getragen, vorbei an den Hausbooten, die da eines hinter dem anderen liegen. Unterwegs mache ich Station in dem grandiosen, allein auf einer Wiese am Wasser stehenden Pub Palm Tree; für das Fehlen der Häuser, die drumherum einmal standen, ist die deutsche Luftwaffe verantwortlich.

Über einem Bier fällt mir ein, dass ich »Stalker« zuletzt im Sommer zuvor gesehen habe, ausgerechnet in Tallinn, der estnischen Hauptstadt, in deren Umgebung Tarkowski den Film – die Stadt lag damals noch in der Sowjetunion – einst gedreht hat. Das ehemalige Elektrizitätswerk Katel (dient im Film als Eingang zur sogenannten Zone) und das stillgelegte Wasserkraftwerk (mit dem ominösen Zimmer, in dem die geheimsten Wünsche in Erfüllung gehen sollen) lassen sich heute besichtigen. Sogar die Wiese, auf der Stalker und seine beiden Reisebegleiter Professor und Schriftsteller so langsam vorwärtskommen, gibt es noch, sie hat sich kaum verändert.

Der Film lief im Sõprus, einem stalinistischen Kinogebäude in der Innenstadt, die Vorführung war zugleich die Eröffnungsveranstaltung des Stalker-Festivals; der Prunksaal war voll, es gab Äpfel und Wein in Plastikbechern. Ein Mann, der bei den Dreharbeiten dabei gewesen war, erzählte Anekdoten. Der Film, als er endlich lief, erschien mir sehr lang. In meiner Erinnerung war »Stalker« (vor zwanzig und vor siebzehn Jahren gesehen) einer der besten Filme überhaupt: diese Bilder, Ausrufezeichen! Diese Kraft, Ausrufezeichen! Diese Kamera, Ausrufezeichen! Und hatte dieser Film nicht Tschernobyl und seine verbotene Zone vorhergesehen? Ja, ja. Jetzt aber überlegte ich, ob in der Sowjetunion vielleicht ein anderes Konzept und Verständnis von Zeit galt, gibt es den Film deshalb in dieser Form? Fand ich den Film damals tatsächlich so außerordentlich, oder glaubte ich, ihn gut finden zu müssen? Haben zwei Jahrzehnte Film- und Serienkonsum, das Zappen und das Internet mich vielleicht verdorben? Halte ich die Langsamkeit und zu viel Pathos deshalb nicht mehr gut aus?

Und noch etwas irritierte mich, während die drei Männer (ja, auch ein Problem des Films, es geht bloß um Männer, bis auf zwei Kurzauftritte keine Frau, nirgends) durch die Landschaft stapfen und ihre Tunnel kriechen, musste ich sehr oft an »Lost« und seine Insel denken, auf der ähnliche Kräfte wirken und ähnlich seltsame Dinge passieren wie in Tarkowskis Zone. Ich sah durch »Stalker« hindurch und sah »Lost«.

Wieder in Berlin überfällt mich großer Romanhunger. Ich liege im Bett und lese mich zurück. Innerhalb weniger Tage verschlinge ich André Kubiczeks »Der Genosse, die Prinzessin und ihr lieber Herr Sohn«, Hanna Lemkes »Geschwisterkinder« und Bernd Cailloux' »Gutgeschriebene Verluste«, Berlinbücher auf ihre Art und Weise alle drei.[3] Im Nachhinein plagt mich allerdings mein Gewissen, habe ich nicht viel zu schnell und hintereinanderweg gelesen? Wo doch auf jeder Seite, in fast jedem Satz zu spüren ist, wie lange da gearbeitet wurde? Und ich pflüge so eilig hindurch?

André Kubiczek, Jahrgang 1969, erzählt Ost-Berliner Veränderungen der letzten Jahrzehnte (Wohnungsgeschichten, Prenzlauer Berg), Kindheit bei den Großeltern im Harz (die Gerichte der Großmutter), NVA-Anekdoten (Schießen und Kehren) und die Geschichte der Eltern seines Helden, die sich in den sechziger Jahren an einer Moskauer Eliteuniversität kennenlernen. Aus dem verschwundenen Kindheitsland DDR geht es schließlich ins unbekannte Laos, das Land, aus dem die tote Mutter stammt.

Bernd Cailloux führt ins versunkene West-Berlin und

dessen noch existierende Reste. In seinem »Roman mémoire« untertitelten Buch spinnt er Beziehungsgeschichten – die derzeitige, komplizierte zu einer deutlich jüngeren Frau und die historischen aus anderen Jahrzehnten – zu einem libertinären West-Berlin-Diorama, in dem die Goltzstraße und das Café M der späten siebziger-, frühen achtziger Jahre Hauptkulissen bilden. Und obwohl es viele Gelegenheiten dazu gibt, peinlich wird die Erzählung nie, der Sex, die Herkunfts- und die Krankheitsgeschichte (Hepatitis C nach Heroin) des Protagonisten fügen sich zu der fast exemplarischen Geschichte eines Mannes, für den 1968 das wichtigste Jahr seines Lebens bleibt.[4]

Die »Gutgeschriebenen Verluste« gefallen mir nicht nur, weil sie tatsächlich gut geschrieben sind, es gibt dafür auch einen sentimentalen Grund: Cailloux, Jahrgang 1945, ist nur wenig jünger als mein Vater; ich lese da also Lebenszeit meines Vaters, und ich lese, wie und was mein Vater nicht gelebt hat, aber hätte leben können. Die Zeit, die Cailloux besichtigt, das Material, aus dem er, der Crébillon fils von Schöneberg, seine »mémoire«, seine Autofiktion webt, kommt mir seltsam vertraut vor. Obwohl ich die Nachkriegszeit, die sechziger- und siebziger Jahre ja nicht oder kaum miterlebt habe, möchte ich doch glauben, diese, die gerade verpasste Zeit sei auch meine Zeit gewesen. Ist das vielleicht auch ein Grund dafür, warum mir »Mad Men«, die Serie, die in einer New Yorker Werbeagentur der sechziger Jahre spielt, so gut gefällt?

In einer Buchhandlung auf der Kastanienallee liegt auf der Ablage neben der Kasse ein neues Buch von Thomas Kapielski. Wird sofort gekauft, ich muss es haben, ohne nachzudenken oder auch nur hineinzublättern, nicht einmal der Titel »Neue Sezessionistische Heizkörperverkleidungen« schreckt mich ab, ich bin schon verliebt in diesen Band, bevor ich ihn überhaupt aufgeschlagen habe, denn Kapielskis barocke Bibeldeutschprosa ist immer ein Quell großer Freude.[5] Und spendet Trost, ja, Kapielski-Lektüre tröstet mich mit dem Gedanken: Dies gibt es also noch, so schlecht kann es um die Welt nicht bestellt sein – selbst wenn das bei Kapielski gelegentlich anklingt. Wovon handelt »Neue Sezessionistische Heizkörperverkleidungen«? Schwer zu sagen. Es versammelt Textblöcke unter Fotos; großartige, kolumnenartige, immer gleich lange Texte unter ebenso großartigen Antifotos. Waren das ursprünglich Blogbeiträge? Vermutlich ja, dem Buch schadet das jedoch nicht. Ich lese und bin glücklich.

Eine Freundin schenkt mir einen Kindle-Reader, den ich erst skeptisch beäuge, beide Schrifttypen auf dem E-Ink-Display gefallen mir nicht, weder die serifenlose noch die andere, »normal« genannte Schrift, die an eine uralte Apple-Type der frühen neunziger Jahre erinnert. Ich lasse das Gerät ein paar Tage liegen. Eines Nachmittags aber – ich sitze an meinem Schreibtisch und sollte eigentlich diesen und die folgenden Sätze schreiben, die mir allerdings nicht einfallen wollen – greife ich doch zu diesem

Kindle-Ding, das neben den Handschmeichlern aus Cupertino wie ein kleines, hässliches Entlein wirkt. Das computerbraun gefärbte Entlein entpuppt sich als perfektes Ablenkungsmaschinchen – die folgenden viereinhalb Stunden versinke ich in »Robinson Crusoe«.

Defoes Roman hatte ich schon einmal gelesen, vor Jahren, in einer Insel-Ausgabe, erinnerte mich jedoch kaum an Einzelheiten. Der selbst gebastelte Sonnenschirm war mir im Gedächtnis geblieben, aber vielleicht stammt dieses Bild auch aus einer Verfilmung, die ich als Kind gesehen haben muss. Nun, hier auf dem Kindle und im Original, ist es ein ganz neuer Roman, der mir außerordentlich gefällt. Ich kann, es ergeht mir wie dem Helden, diese Insel nicht verlassen, die Prosaspannung hält mich, immer wenn ich nach einem Satz aufhören möchte, hat der mich schon in seinen Nachfolger gelockt. Crusoe, der eigentlich Kreutznaer heißt (Defoe gibt ihm einen aus Bremen stammenden Vater), schnitzt für jeden Tag auf der Insel eine Kerbe in das Holz seines Kalenderkreuzes, ich klicke mich einfach weiter im Text. Kindle-Lesen funktioniert wie Lesen sonst – allein dass ich öfter blättern muss, fällt mir auf. In einem Buch führt Umblättern ja zu zwei ungelesenen Seiten, Kindle-Klicken jedoch nur zu einer neuen Bildschirmfüllung.

Zu »Zona«, dem Buch über Tarkowskis »Stalker«, greife ich erst jetzt, wieder in Berlin. Vermutlich weil ich etwas ganz anderes tun müsste, verspüre ich auf einmal das wahnsinnige Bedürfnis, es zu lesen. Das schwarze Hardcover liegt gut in der Hand, das Papier ist dünn und braun, den Schutzumschlag habe ich gleich entfernt, als E-Book, denke ich, hätte es nicht so schwer im Koffer gelegen.

Die Idee, einen Film Einstellung für Einstellung nachzuerzählen, ist vielleicht eine Schnapsidee – bietet jedoch einen Rahmen, der alle möglichen Abschweifungen fasst. Geoff Dyer erzählt nicht nur, wie die drei Protagonisten des Films in die verbotene Zone eindringen und sich auf ihre Suche nach dem mysteriösen Zimmer machen, das die geheimsten Wünsche erfüllen soll, sondern auch, wo er wann und mit welcher Freundin »Stalker« gesehen hat, wie alt er war und wie er einmal bemerkte, dass dem Vorführer eine Rolle fehlte – die Vorstellung wurde daraufhin abgebrochen. Es gibt viele, auf andere Gebiete führende Fußnoten und Trivia zur Filmentstehung, ich erfahre beispielsweise, wie besoffen der Kameramann während der Produktion war, und dass »Stalker« gleich zweimal gedreht wurde, weil große Teile der ersten Fassung bei der Entwicklung verdarben.

Dyer, Jahrgang 1958, zitiert nicht von ungefähr, es passt zu gut, Flauberts berühmten Brief an Louise Colet, in dem dieser von dem »livre sur rien«, dem Buch über gar nichts träumt, dessen Sujet beinah unsichtbar wäre.[6] Unsichtbar wird das Sujet in »Zona« nicht, mehr und mehr aber wird deutlich, dass es Dyer vor allem um den Schriftsteller Dyer geht. Selbstbespiegelungsmaterial bietet der

Film genug, nicht zuletzt ist es ausgerechnet ein Schriftsteller, der zusammen mit Stalker und dem Professor genannten Kameraden durch die Sperrzone stapft. »So what kind of writer am I, reduced to writing a summary of a film?«, lautet die Frage, der Dyer sich schließlich stellt. Er sagt sich: »I'm getting on with something, making progress, moving towards a room of my own« – wohl wissend, dass er dieses Zimmer, sein eigenes Wunscherfüllungszimmer, auch mit diesem Buch eher nicht finden wird.

Letztlich betritt auch im Film keiner der drei Männer den Raum der Erfüllung. Entweder weil sie wissen, wie langweilig ein Leben nach der größten Erfüllung wäre, oder weil sie, wahrscheinlich zu Recht, Angst vor ihren innersten Wünschen haben. Denn wer, auch diese Frage beschäftigt Dyer, weiß schon so genau, was er sich letztendlich wünscht? Das Zimmer, so die Idee des Films, wüsste genau das ja viel besser als jeder Besucher selbst.

Und ich? Was würde ich mir in diesem Zimmer in der Zone wünschen? Dass das Buch, das ich zu schreiben versuche, geschrieben wäre? Und was dann?

1. www.theatlantic.com/magazine/archive/2012/03/how-your-cat-is-making-you-crazy/8873 [zuletzt abgerufen am 01.01.2016].
2. Geoff Dyer, Zona. *A Book About a Film About a Journey to a Room.* London: Pantheon 2012; Die Zone. *Ein Buch über einen Film über eine Reise* zu einem Zimmer. Aus dem Englischen von Marion Kagerer. München: Schirmer/Mosel 2012.
3. André Kubiczek, *Der Genosse, die Prinzessin und ihr lieber Herr Sohn.* München: Piper 2012; Hanna Lemke, *Geschwisterkinder.* München: Kunstmann 2012; Bernd Cailloux, *Gutgeschriebene Verluste. Roman mémoire.* Berlin: Suhrkamp 2012.
4. Vgl. auch Bernd Cailloux, *Das Geschäftsjahr 1968/69.* Frankfurt am Main: Suhrkamp 2005.
5. Thomas Kapielski, *Neue Sezessionistische Heizkörperverkleidungen.* Berlin: Suhrkamp 2012.
6. »Ce qui me semble beau, ce que je voudrais faire, c'est un livre sur rien, un livre sans attache extérieure, qui se tiendrait de lui-même par la force interne de son style, comme la terre sans être soutenue se tient en l'air, un livre qui n'aurait presque pas de sujet ou du moins où le sujet serait presque invisible, si cela se peut. Les œuvres les plus belles sont celles où il y a le moins de matière.« (À Louise Colet, 16 janvier 1852).

Vier E-Books

Ich bin im Iran unterwegs und bald begeistert, weil einige Studierende in Teheran und Isfahan sich meine Bücher über E-Book-Tauschbörsen besorgt haben. »Besorgt« heißt hier raubkopiert – was mich allerdings mehr erfreut als aufregt oder ärgert, denn sie haben, das merke ich bald, die Bücher gelesen. Sie hätten sie gar nicht kaufen können, es gibt im Iran keine Buchhandlungen, in denen westliche Bücher sich einfach bestellen ließen, und hätten die E-Books auch kaum legal im Internet erwerben können, Kreditkarten und andere westliche Bezahlsysteme funktionieren im Iran aufgrund der Sanktionen nicht.

Die raubkopierten deutschen E-Books erinnern mich daran, wie sehr die elektronischen Bücher und Lesegeräte in den letzten Jahren mein Leseverhalten verändert haben. Und wie großartig ich E-Books beziehungsweise die Geräte finde, die tausende von Büchern speichern können und Literatur fast überall verfügbar machen. Sie machen Bücher sehr leicht, sie machen das Lesen leicht. Sie machen Bücher preiswert, die meisten Klassiker auf meinem Kindle (alle Bände von »Tausend und eine Nacht«, »The Adventures of Huckleberry Finn«, »Das Dekameron« und viele andere mehr) haben nichts gekostet. Umsonst waren sie wohl trotzdem nicht, ich habe wahrscheinlich mit meinen Daten bezahlt.

Mit den E-Books habe ich wieder angefangen zu schmökern. Mit dem Lesegerät in der Hand fühle ich mich, als hätte ich mich in einer Bibliothek eingeschlossen. Die Killerapplikation des E-Readers ist und bleibt, dass ich bloß auf ein Wort tippen muss, um mir die Wörterbuch-Definition anzeigen zu lassen. Ich muss nicht aufstehen und im Wörterbuch nachsehen (das aber habe ich, zugegeben, das letzte Mal vor ungefähr zehn Jahren gemacht) oder das unbekannte Wort in mein Telefon oder in den Computer eingeben. Es ist großartig.

E-Books und E-Reader machen mich euphorisch – trotzdem weiß ich, ich mache mir keine Sorgen, dass Papierbücher bleiben werden. Echte Bücher werden bleiben. Und nein, das Abendland wird nicht untergehen. Vorerst nicht. Bücher werden bleiben, weil Bücher eben auch Objekte sind, sich gut anfassen lassen und gut in der Hand liegen. Und weil Papier so schön ist. Weil sich mit ihnen so viel leichter angeben lässt. Weil Bücher sich viel einfacher als E-Books verschenken lassen. Weil Bücher manchmal gut riechen. Weil sie ein Lesebändchen und einen Stoffeinband haben können und Umschläge, die ich sofort abmachen kann. Weil sich in ihnen leichter blättern lässt und auch ohne Strom funktionieren.

Die ausdifferenzierte und bestens organisierte und durch die Buchpreisbindung geschützte Buchkultur, wie wir sie in Deutschland kennen, wird sich verändern. Sie hat sich schon verändert. Wer möchte, kann das in jeder größeren Stadt jeden Tag in der U-Bahn sehen: Je nach

Tageszeit starren acht von zehn Fahrgästen auf ihre Telefone. Sie lesen auf ihren Telefonen. Oder spielen. Oder tippen. Klar, dass Autoren und Verleger denken: Da müssen wir hin. Auf die Displays, in die Apps, auf die Lesegeräte.

Es gibt Verlage, die das verstanden haben. Neue Verlage. Verlage wie Frohmann, SuKuLTuR und mikrotext, die kurze, digitale Lektüren anbieten. Die schneller auf Themen reagieren können als große Printverlage, die ihre Programme lange im Voraus planen. Es muss nicht gleich eine neue Literatur erfunden werden, Texte bleiben auch auf elektronischen Lesegeräten Texte. Vielleicht aber, wer weiß, wird es bei den E-Books ein wenig so wie bei den Elektroautos: Werden die besten da nicht von Tesla gebaut, einer jungen Firma, die niemals Autos mit klassischem Benzinantrieb gebaut hat?

Bücher, Texte, Geschichten und Literatur werden bleiben, da mache ich mir keine Sorgen. Ein Indiz: Nie war unsere Kultur so textlastig wie heute. Die erfolgreichsten Bereiche des Internets – Pornografie und Katzenvideos ausgeklammert – beziehen ihre Attraktion über Textproduktion. Facebook und Twitter werden vollgeschrieben. Selbst ein Videoportal wie YouTube ist ein großer Textproduzent. Die eingestellten Filmchen provozieren Kommentare über Kommentare, die sich wie Romane der Gegenwart lesen, Internetnutzer schreiben und lesen wahnsinnig viel. Vor einiger Zeit haben die Künstler der Gruppe Traumawien das sehr schön vorgeführt: Sie programmierten einen Bot (»Kindle'voke Ghost Writers«,

2011–2012), der die Amazon-Kindle-Direct-Publishing-Plattform komplett automatisiert mit mehreren Tausend E-Books flutete – E-Books, die aus YouTube-Kommentaren bestanden, die im Layout klassischer Dramen aufbereitet waren. Sehr lustig.

Wäre ich nicht ein immer zweifelnder Schriftsteller Anfang vierzig, sondern ein literarischer Aspirant Anfang zwanzig, ich würde heute wohl ein E-Book schreiben wollen. Vielleicht käme mir der Gedanke, etwas in gebundener Form auf Papier zu veröffentlichen, sogar seltsam veraltet vor. Um etwas auf Papier zu lesen, müsste ich ja mein Telefon aus der Hand legen oder mich von meinem Notebook entfernen ...

»Girls«, die HBO-Serie über vier junge Frauen Anfang zwanzig im heutigen New York, zeigt, wie es jungen Autoren heute geht. Hauptfigur Hannah Horvath (Lena Dunham), die als Essayistin gern die Stimme ihrer Generation werden würde, sucht ein Forum – und findet es online. Sie erregt genug Aufmerksamkeit und angelt sich einen Buchvertrag. Sie schreibe ein Buch, sagt sie dann – gefolgt von der Einschränkung, es handele sich um ein E-Book. Aha, es gibt also doch ein Prestigeproblem. Ein E-Book ist kein richtiges Buch. Beinah wäre aus Horvaths E-Book im Laufe der dritten Staffel sogar noch ein »richtiges« Buch geworden – es soll dann aber doch nicht sein. Hannah heuert bei einer Luxuszeitschrift an – da, wo mit Schreiben tatsächlich Geld verdient wird – und trifft andere, ehemals aufstrebende Autoren, Ex-Lyriker und Essayisten, die ihre Gehirne für die Erzeugung von getarnter Werbung vermieten.

Dabei wäre es doch so leicht: E-Books lassen sich ja ganz einfach und schnell produzieren. Jeder kann von zu Hause aus elektronische Bücher erstellen und auf diversen Verkaufsplattformen anbieten, jeder kann Autor sein. Ja, auch Sie, lieber Leser, können gleich ihr Tagebuch hochladen und zum Kauf anbieten. Bleibt nur die Frage, ob sich jemand dafür interessiert. Die zwei Hauptprobleme des Veröffentlichens sind durch das elektronische Publizieren nicht kleiner geworden, sie lauten: Wie erzeuge ich Aufmerksamkeit? Und wie verdiene ich etwas mit dem, was ich schreibe?

E-Books läuten leider kein goldenes Zeitalter für Autoren und ewigen Autorenwohlstand ein. Ich wage zu prophezeien: Niemand wird mit elektronischen Büchern reich werden – und wenn es doch passieren sollte: Ausnahmen bestätigen die Regel. Unvergessen bleibt mir die erste Abrechnung meines Romans »Vier Äpfel«, erschienen im Herbst 2009. Bis zum Jahresende 2009 hatte sich, so ein Glücksfall, eine niedrige fünfstellige Anzahl gebundener Exemplaren verkauft – und sage und schreibe vier E-Books. Ich musste lachen. Erst bei späteren Büchern wurden die Verkaufszahlen mindestens zweistellig. E-Books sind und werden erfolgreich, wenn sie verschenkt oder fast verschenkt oder raubkopiert werden. So oder so ähnlich aber war es für Autoren fast immer, von Buchverkäufen allein konnten die wenigsten leben.

E-Book-Verächtern, denen, die gar keine elektronischen Bücher mögen und lesen wollen, bleibt immer die Möglichkeit, sich ihre Lieblingsbücher auszudrucken. Auf Bögen von Büttenpapier zum Beispiel, und diese dann wie früher binden lassen, in Leinen oder Leder.

Sich enteseln

Eine Bekannte erzählt, sie übersetze M. Agejews »Roman mit Kokain«, und ich erinnere mich dunkel – habe ich dieses Buch nicht schon einmal gelesen? Ich weiß noch, dass es mir gefiel, sonst fast nichts mehr. Einige Monate später finde ich es in zweiter Reihe auf einem meiner Regale, mir fällt ein, dass ich es bei dem Ramschbuchhändler vor dem Eingang zur Mensa der Freien Universität in Dahlem gekauft habe, lange her. Als ich es aufschlage, lese ich vorne, mit Bleistift notiert, muss wohl ich geschrieben haben: »Berlin, November 1992«.[1]

Genau zwanzig Jahre später lese ich den »Roman mit Kokain« noch einmal, nun jedoch nicht die alte, aus dem Französischen, sondern die neue, von der Bekannten erstmals aus dem russischen Original von 1936 ins Deutsche übersetzte Ausgabe.

Und ich lese wieder sehr gerne von den letzten Schultagen des zweifelhaften Gymnasiasten Wadim Maslennikow auf seiner Moskauer Eliteschule. Und erfreue mich daran, wie er sich und die Seinigen langsam zugrunde richtet. Und wie er sich dabei beobachtet und beständig analysiert, eine Art Vivisektion des eigenen Leibes betreibt. Am Schluss, diese Gefahr besteht bei solchen Selbstversuchen, ist er tot.

Herrlich grausam ist er zu seiner Mutter. Tut auf der

Straße, als kenne er »diese entsetzliche alte Frau« nicht, und verschwendet die mühsam ersparten Rücklagen einer alten, treuen Dienerin. Er stiehlt, ist rücksichtslos, böse und hartherzig – es ist fast schon wieder komisch. Und als er sich verliebt, fürchtet er, zu weich oder zu nett zu werden, deshalb erniedrigt er die Geliebte, bis die ihm zum Abschied schreibt: »Nein, Wadim, nein mein Lieber, das ist keine Liebe, das ist Dreck, trüber, abscheulicher Dreck.«

Ganz nebenbei liefert Agejew – erst vor wenigen Jahren stellte sich heraus, dass hinter diesem Pseudonym ein rätselhafter Mann namens Mark Levi und nicht wie lange vermutet Vladimir Nabokov steckte – ein Sittenbild des dekadenten, spätzaristischen, vorrevolutionären Russland, der Erste Weltkrieg ist gerade ausgebrochen.

Der Held durchlebt eine Liebesgeschichte und einen Drogenroman; ich selbst meinen kleinen eigenen Lektüreroman, weil ich nun, zwanzig Jahre nach Erstlektüre, natürlich ein ganz anderes Buch lese. Und auch das Buch selbst hatte ein romanhaftes Schicksal: Ein Exemplar der in Paris erschienenen russischen Erstausgabe wurde fast fünfzig Jahre später bei einem Bouquinisten an der Seine wiederentdeckt, begeistert gelesen, 1983 erstmals ins Französische übersetzt – und dann, Überraschung, ein kleiner Welterfolg.

Der »Roman mit Kokain« sei in dieser neuen Ausgabe auch Nichtlesern ans Herz gelegt, einfach so, als Objekt. Ist der Schutzumschlag entfernt, halten die Besitzer ein in pfeffer- und salzfarben gesprenkeltes Leinen gebundenes Buchobjekt in ihren Händen, es fühlt sich gut an. Und lässt sich sogar lesen.[2]

Warum liegen manche Bücher monatelang neben dem Bett oder in der Küche, um dann ganz plötzlich zu fesseln? Wieso muss ich den einen oder anderen Roman unbedingt kaufen – und lese ihn dann doch nicht? Bücher werden mir empfohlen, hymnisch besprochen und zufällig entdeckt. Andere aber, gar nicht so wenige, bekomme ich von mir bekannten Autoren geschenkt.

Was aber kann ich über Bücher sagen, deren Autoren ich gut kenne, mit denen ich vielleicht sogar befreundet bin? Bin ich da nicht immer befangen? Ehrlichkeit könnte die Freundschaft kosten, nichts zu sagen ist aber auch nicht besser. Und leider kann ich nicht gut lügen. Vielleicht sollte jeder Autor es machen, wie Thomas Mann es angeblich gehandhabt hat, immer sogleich schreiben: »Danke, habe Ihr neues Buch erhalten, sehr vielversprechend.« Und dann loben. Immer loben. Übertrieben loben. Wie aber hieß es deshalb seinerzeit über tatsächlich gute Bücher? »Noch nicht von Thomas Mann gelobt!«

Wahrscheinlich liest kaum jemand den Text eines Autors so autobiografisch wie ein anderer Autor, darauf macht eine finnische Lyrikerin mich aufmerksam. »Warum? Ja«, sagt sie, »weil Autoren die Machart mitlesen. Und weil sie ahnen, fühlen und erspüren, wie ein Text verfertigt wurde. Woraus. Und was es gekostet haben mag, ihn so weit zu treiben. Und wie weh das vielleicht getan hat.«

Ja, mir leuchtet das sogleich ein, wahrscheinlich liest kaum einer so autobiografisch wie ein Autor den anderen. Eben weil er sieht (oder zu sehen glaubt), aus welchen Erlebnissen, Reisen, Aufenthalten, Schicksalsschlägen, Liebschaften – kurz, aus welchem Material das jeweilige Werk oder Büchlein geronnen ist.

Zugegeben: Manche Autoren denken sich etwas aus. Oder behaupten, Schutzmäntelchen Fiktion, alles sei bloß erfunden. »Ausgedachte Bücher sind doch aber für Kinder«, sagt die Finnin, »wir wollen doch the real stuff, ehrliche, echte Texte, nichts Ausgedachtes.« Ja, und ich, weil ich ihr gefallen möchte, versteige mich gleich zu der Aussage, ich hätte mir noch nie etwas ausgedacht, keinen einzigen Satz. Noch nie im Leben.

Wahrscheinlich stimmt das nicht.

Eine Freundin liest mir eine Erzählung aus dem Band »Strichcode« von Krisztina Tóth vor – ich bin begeistert und angetan und lese gleich die restlichen vierzehn in diesem Buch »erzählten Begebenheiten«. Ich lese Szenen einer ungarischen Kindheit und Jugend hinter dem Eisernen Vorhang, ich lese von Aufenthalten in lagerartigen Schullandheimen, von Verwandtenbesuchen und Episoden aus dem Leben einer nicht mehr verliebten Schriftstellerin. Unverkennbar autobiografisches Material, konzeptionell zusammengehalten von der Idee, hier mit

Grenzlinien, Trennungslinien, Schnittlinien und der vom Chirurgen über die Bikinilinie gesetzten Kaiserschnittnarbe den Strichcode eines Leben zu zeichnen.[3]

Die einzige Amazon-Kundenrezension der deutschen Ausgabe spricht einigermaßen entrüstet von »vollkommen pointenlosen Anekdoten«, in denen sich Frauen »an überwiegend schäbigen Plätzen in Ungarn oder Paris«, dort, »wo es stinkt oder wo sich Ungeziefer aufhält, kotzen oder geschlechtlich verkehren«. Ja, das lässt sich so sehen. Krisztina Tóth bietet real stuff, desillusionierendes Echtleben. Und das gefällt mir sehr.

Die Erzählung, die mir vorgelesen wurde, spielt an einem sehr schäbigen Ort in Paris, in einem stinkenden, schimmelbefallenen Chambre de bonne im siebten Stock. Und in der zugehörigen Toilette auf dem Gang, einer immer schmutzigen Toilette. Der unbekannte Nachbar spielt noch eine Rolle, Untreue auch, und ja: Es wird gevögelt, schließlich läuft eine Badewanne über. Krisztina Tóth erzählt fast alltägliche Begebenheiten – diese aber auf ganz außergewöhnliche, wundersame Weise.

Als Kind und früher Leser stellte ich mir gelegentlich vor, wie großartig es sein müsste, Schriftsteller zu kennen. Ihnen zu begegnen. Müsste der Geist nicht in Strömen fließen? Heute weiß ich, oft ist es nicht so. Sind Autoren sehr viel interessanter als ihre Bücher, spricht das meist gegen die Bücher. Sind die Bücher sehr gut und sprechen für sich, braucht es die Person des Autors eigentlich nicht.

Ansonsten: Viele Autoren reden gern und viel. Andere sind beinah stumm. Nicht wenige wissen alles besser, und manche kommen nicht aus dem Angebermodus heraus, müssen sich und ihrem oft nur imaginierten Publikum immer wieder ihr Schriftstellersein beweisen, können die Schriftstellerdarstellerei nicht abstellen, sehen sich immer auf der Bühne.

Trotzdem bin ich gern mit einigen Autoren gut befreundet, ja, habe sogar, getrennt-gemeinsam mit einer Schriftstellerin, ein Kind schon ziemlich groß gezogen. Und könnte eigentlich sagen: Ja, schön ist es, mit Schriftstellern befreundet zu sein. Ja, es wäre tatsächlich schön, wenn sie bloß nicht diese Bücher schrieben, die ich am Ende lesen muss! Dabei bin ich mir fast sicher: Über mich und meine Bücher denken sie ganz ähnlich.

Sage ich die Wahrheit, ist es mit der Freundschaft aus, sage ich nichts, eines Tages auch. Irgendeine Anerkennung will ja jeder, der zwei, drei, vier, fünf oder mehr Jahre im stillen Kämmerlein an seinem Manuskript verbracht hat. Wer aber bringt es übers Herz, einem Freund zu sagen: »Deine Sprache ist schlecht, dein Buch ist kitschig?« Wäre das – le style est l'homme même – nicht immer auch ein Urteil gegen die Person?

»Mag ich die Sprache des Buches nicht, kann ich auch nicht mehr mit seinem Autor befreundet sein«, sagt die strenge finnische Dichterin – oder ich lege es ihr hier einfach in den Mund.

Zum Glück habe ich ein Kind, das keine Hemmungen

hat, mir seine Wahrheit kundzutun. Das Kind erledigt mich ganz nebenbei. Sagt: »So eine Schmalzscheiße«, als ich ihm einen Klappentextentwurf vorlese. Und ein andermal, als ich über den Fahnen des Buches sitze, an dem ich die letzten sechs Jahre geschrieben habe, und das Kind mich murmelnd die Korrekturen vorlesen hört, sagt es: »Papa, glaubst du wirklich, irgendjemand möchte dieses langweilige Zeug lesen?«

Eigentlich möchte ich nicht von der Person eines Autors dazu verführt werden, ein Buch zu lesen. Oft möchte ich nicht einmal wissen, wie der Autor aussieht, Umschläge mit Autorenfotos entferne ich immer sofort. Trotzdem passiert es natürlich auch mir, dass ich einer Person begegne und dann denke: Ihre Bücher muss ich lesen. Und so geschieht's. Ich werde einer Autorin vorgestellt, wir geben uns die Hand, sprechen zwei belanglose Sätze miteinander und verlieren uns aus den Augen – ich aber weiß schon, ihre Bücher werden mir gefallen.

Und so ist es dann auch. Ich lese Ulla Lenzes »Archanu«, einen Roman über die Reise einer klugen Siebzehnjährigen nach Indien, und bin beeindruckt. Gleich danach lese ich »Der kleine Rest des Todes«, ein Buch über extreme Trauer. Der Vater der Ich-Erzählerin ist mit einem Sportflugzeug abgestürzt und gestorben, und im Gegensatz zur Schwester und der Mutter trauert sie nun richtig. Richtig destruktiv, depressiv, suizidal. Ihre philosophische Doktorarbeit bleibt liegen, Adorno hilft nicht mehr, die Frau verwahrlost in ihrer Wohnung, die Affäre und der Exfreund sind überfordert.[4]

Ulla Lenze schreibt eine tolle, empfindungsintensive, pathosfreie Prosa, die sich nie der Illusion hingibt, die Sache zu erzählen, könne irgendwie helfen. Und ich glaube, mir gefällt dieses Buch, weil ich seine Sprache für echt und wahr und ehrlich halte. Und da ist sie wieder, meine leicht naive Kategorie, die ich »Ehrlichkeit« nenne. Ja, ich denke, es gibt diese Prosaehrlichkeit, die sich nicht imitieren lässt, nicht durch rhetorisches Geraune, nicht durch stilistische Mätzchen. Die Probe geht ganz leicht: ein Buch aufschlagen und an beliebiger Stelle lesen.

Einen der Gedichtbände der finnischen Lyrikerin, die genau genommen eine finnlandschwedische Lyrikerin ist und also auf Schwedisch schreibt, versuche ich mit Hilfe eines Wörterbuchs und von Google Übersetzer zu lesen. Ich kann ja gar kein Schwedisch, will aber doch Autobiografisches in ihren Gedichten entdecken. Die ich selbstverständlich fabelhaft finde.[5]

Die Frage müsste ich mir eigentlich stellen: Gefallen mir manche Bücher bloß, weil ich die Personen, die sie geschrieben haben, mag? Liebe ich bestimmte Sätze vielleicht bloß, weil ich für ihre Urheber schwärme?

Es gibt sie ja, die leicht schäbige Seite der Schriftstellerei. Ich meine das Sich-Aneignen, das Übernehmen, das Stehlen von Leben, Erfahrungen und Begebenheiten.

Das, was umgangssprachlich gern »verbraten« genannt wird.

Zum Beispiel habe ich das Vergnügen, einige Vorbilder für Figuren in der einen oder anderen Erzählung von Judith Hermann zu kennen. In mancher Erzählung entsprechen die Namen der Protagonistinnen sogar denen ihrer Vorbilder. Mancher war not amused, sich so porträtiert zu finden.

Vertrautes Problem, es gibt mindestens eine Person, die nicht mehr mit mir redet, weil sie glaubt, ich hätte sie einmal zu wiedererkennbar beschrieben. Dabei gibt es in dem betreffenden Text doch nur eine Figur, die einer Erinnerung nachgeformt ist. Ja, so reden Schriftsteller sich heraus. Und ja, ich weiß, manchmal ist es gar nicht so leicht, einer Figur einen anderen Namen zu geben als denjenigen, den sie schon immer hatte. Die Kunst stiehlt gern vom Leben, dem Dieb aber bleibt nicht selten das schlechte Gewissen. Ich weiß, dieses oder jenes hätte ich lieber nicht verwenden sollen. Das Kind ist in diesen Angelegenheiten immer sehr streng, sagt: »Papa, das kannst du doch nicht schreiben! Lass das!«

Eine andere schreibende Freundin höre ich eines Tages sagen, sie habe ja nichts dagegen, dass völlig fremde Menschen all das lesen, was von ihr gedruckt werde. Nur vor ihren Freunden sei ihr das manchmal unangenehm. Sie wolle die ja nicht überfordern.

»Vor guten Freunden können eigene Bücher unangenehm sein. Ja, so viel, wie ein Autor in einem Buch verrät, so ehrlich möchte er im echten Leben vielleicht gar nicht sein. Da braucht ja jeder seine Fassaden. So sehr ausziehen möchte ich mich«, sagt die Freundin, »vor nur einer Person nie. Vor allen? Kein Problem.«

Ich treffe Iris Hanika im Café Haliflor, wir trinken Tee und tauschen unsere letzten Druckerzeugnisse aus, jeweils mit halb ironischen Widmungen versehen. Ich schreibe, dass sie mein Buch gern bei Amazon-Marketplace verkaufen dürfe, sie überrascht mich mit dem Satz: »... und herzlichen Dank fürs Material (S. 16 f.).«

Ach, sieh einer an! Was habe ich denn da geliefert? Iris Hanika beschreibt auf den entsprechenden Seiten ihres Buches einen gemeinsam verbrachten Nachmittag, einen Ausflug zu Ikea in Spandau, die Erinnerung hat sie zu einer Episode in ihrem neuen Roman geformt.

Die Figur, mit der die Erzählerin unterwegs ist, heißt »L« (ohne Punkt), weiter heißt es von ihm, er sei »Jahrgang 1971«. Und auch wenn ich mich an diesen Nachmittag bei Ikea in Spandau erinnere, das bin doch nicht ich, der in diesem Buch herumsitzt und die »Beine schon übereinandergefaltet« hat, oder?

Es war Sommer, es war heiß, und nach unserem Einkauf – keine Ahnung mehr, weshalb wir zu Ikea gefahren waren – saßen wir in der Gartenmöbelausstellung. Und tranken schlechten Kaffee, wie ich dem Buch nun entnehme. Ja, ich erinnere mich. Und freue mich an den

Details, die der Text nun meiner Erinnerung hinzufügt. Oder glaubwürdig hinzuerfunden hat. An das Gespräch über Led Zeppelin und die Frage der Erzählerin nach »Whole Lotta Love« hätte ich mich beispielsweise nicht erinnert. Hat Frau Hanika das hinzugedichtet? Nein, ich glaube nicht. Ich glaube, auch sie hat noch nie etwas erfunden. Fast alles, was sie schreibt, ist wahr.

»Tanzen auf Beton«, ist, um es kurz zu machen, grandios. Es ist brutal ehrlich und brutal rücksichtslos gegen sich selbst. Und ohne Angst oder mit allergrößter Angst geschrieben. Ja, der »Weitere Bericht von der unendlichen Analyse« ist, ich muss es sagen, ein Schlachtfeld. Eines, auf dem Iris Hanika sich allen Ruhm und alle Ehre verdient, denn Prosa darf keine Rücksicht nehmen, gute Prosa kann keine Rücksicht nehmen, die beste Prosa ist rücksichtslos.[6]

Der Titel verführt mich, deshalb greife ich zu »Wahrheit und Erfindung. Grundzüge einer Allgemeinen Erzähltheorie« von Albrecht Koschorke. Über Wahrheit und Erfindung würde ich gern mehr erfahren. Vor allem, warum ich mich für die reine Erfindung so wenig interessiere.[7]

Ich blättere ein paar Abende durch diese voluminöse Studie und folge den Ausführungen zur Konjunktur des Erzählbegriffs, die dem Verfasser zu einer allgemeinen Kulturtheorie geraten. Das Erzählen, erfahre ich da, ist das wesentliche Medium der Widersprüchlichkeit in einer Gesellschaft, »entsprechend der Grundregel: Widersprüchlichkeit bindet, Widerspruchsfreiheit löst Bindungen auf«.

Erzählen ist jedoch nie nur das eine, nie bloß Fiktion ohne Wahrheit, lerne ich weiter – und finde also, wenn ich so will, ein Argument gegen rein ausgedachtes Erzählen. Fertig aber bin ich mit diesem Problem noch nicht.

Schönes Buch, denke ich, während ich lese, sehr dick, fester Einband, leider auf billigem Papier gedruckt. So billig, dass ich mich ärgere: Hätte ich es doch als E-Book gekauft. In elektronischen Büchern lässt sich allerdings weniger gut herumblättern. Und Glücksaufschlagen und Bibelstechen machen mit einem Kindle auch keinen Spaß.

Und dann lese ich mich im »Goldenen Esel« des Apuleius von Madaura fest, einem komplett überlieferten antiken Roman aus dem 2. Jahrhundert nach Christus, bald zweitausend Jahre alt.

Statt zu schreiben, statt an diesem Text zu arbeiten, wandere ich lieber mit dem in einen Esel verwandelten Ich-Erzähler Lucius durch das als Land der Hexerei berüchtigte Thessalien. Und werde, Metamorphosen des Lesens, selbst zu diesem Esel, der immer wieder verprügelt, verkauft, geraubt und schließlich sogar, burleske Episode, von einer reichen Dame sexuell missbraucht wird. Mit seinen langen Ohren erlauscht der Esel auf seiner Odyssee manche Geschichte, hört zum Beispiel die später im »Dekameron« berühmt gewordene Geschichte von dem an den versteckten Liebhaber verkauften Fass, und, in einer Räuberhöhle, erzählt von »einer alten Trunkenboldin«, die zauberhafte Geschichte der großen Liebe von Amor und Psyche.

Der in Tiergestalt verwandelte Erzähler lauscht überall, die Neugier kommt ihm nicht abhanden, zeichnet so ein Sozialpanorama, in dem die Ställe viel mehr Raum einnehmen als die Paläste. Das macht den »Goldenen Esel« – ursprünglich auch als »Die elf Metamorphosen« bekannt – zu einem irren und hochamüsanten Buch. Sehr verständlich, dass Boccaccio eine der überlieferten Handschriften einmal ganz abschrieb. Und ich ahne, dass Jan Graf Potocki sich von den Räuberhöhlengeschichten des »Goldenen Esels« zu den vielen Räuberhöhlenpistolen in »Die Handschrift von Saragossa« anregen ließ.

»Du wirst dein Vergnügen haben«, heißt es in der Vorrede des Autors – und ich kann sagen: Stimmt, er hat recht. Ich habe das Vergnügen, während ich die für null Euro, Projekt Gutenberg sei Dank, über Amazon erworbene, sehr unterhaltsame, oft lustige, gut klingende Übersetzung von August Rode aus dem Jahr 1783 auf meinem Kindle lese.[8]

August Rode verdanke ich dann auch mein neues Lieblingswort: »enteseln«. Der verzauberte Lucius ist natürlich ganz buchstäblich an seiner Enteselung interessiert, mir aber scheint der Wunsch, sich zu enteseln – nicht mehr schwer bepackt über steile Gebirgspfade gehen zu müssen, nicht mehr geprügelt zu werden, nicht mehr schleppen zu müssen –, ein universaler, menschlicher und (um nun ganz in die Vollen zu gehen) zur Conditio humana gehöriger Wunsch zu sein.

Der lange Eselsweg führt den verzauberten Helden letztendlich doch noch zur Erlösung, der wieder in Menschengestalt zurückverwandelte Lucius wird aus Dankbarkeit für seine Rettung Hohepriester der Isis. Im letzten Kapitel riecht es – diese beiden Düfte hat schon Flaubert im »Goldenen Esel« erschnüffelt – dann mehr nach Weihrauch als nach Urin.

1   M. Agejew, *Roman mit Kokain*. Aus dem Französischen von Daniel Dubbe. Reinbek: Rowohlt 1991.

2   M. Agejew, *Roman mit Kokain*. Aus dem Russischen von Norma Cassau und Valerie Engler. Zürich: Manesse 2012.

3   Krisztina Tóth, *Strichcode. Fünfzehn erzählte Begebenheiten*. Aus dem Ungarischen von Ernő Zeltner. Berlin Verlag 2011.

4   Ulla Lenze, *Archanu*. Zürich: Ammann 2008; *Der kleine Rest des Todes*. Frankfurt am Main: Frankfurter Verlagsanstalt 2012.

5   Catharina Gripenberg, *Ta min hand, det vore underligt*. Helsingfors: Schildts 2007.

6   Iris Hanika, *Tanzen auf Beton. Weiterer Bericht von der unendlichen Analyse*. Graz: Droschl 2012.

7   Albrecht Koschorke, *Wahrheit und Erfindung. Grundzüge einer Allgemeinen Erzähltheorie*. Frankfurt am Main: Fischer 2012.

8   Apuleius von Madaura, *Der goldene Esel*. Aus dem Lateinischen von August Rode. Zuletzt Berlin 1920 (http://gutenberg.spiegel.de/buch/der-goldene-esel-5948/1 [zuletzt abgerufen am 01.01.2016]).

Sie lässt Lücken

»Sollen wir nicht doch heiraten?« So romantisch klingen die Heiratsanträge in den Erzählungen von Raija Siekkinen.[1] Immer geht es um das Leben, was mit ihm war und was in ihm wahrscheinlich nicht mehr passieren wird. Es »stellt Fallen auf«, dieses Leben, und nicht selten steht die von Julia Kristeva beschriebene schwarze Sonne am Himmel. Viele Geschiedene streifen durch diese Geschichten, Handwerker erzählen von abgetrennten Gliedmaßen und Todesfällen, kleine Boote gehen unter, Bürgersteige verschwinden unter fallendem Laub oder Schnee, Fische werden gefangen, es geht durch die Jahreszeiten und um die Frage, was Liebe sein könnte. Liebe müsste irgendwo sein in diesen Leben – sie scheint jedoch in die Tiefkühltruhe geraten zu sein, hart gefroren liegt sie dort, wie der riesige selbst gefangene Lachs, von dem einmal die Rede ist, während des Winters wird hin und wieder ein Stück von ihm mit der Eisensäge abgeschnitten.

Die Erzählungen zeigen uns Frauen und Männer in Finnland, auf dem Land, in der Stadt und unterwegs. Menschen in Häusern, deren Renovierungen nicht wie geplant voranschreiten, weil die Vergangenheit, die nicht vergangen ist, ihnen in die Quere kommt. Renovierungen dauern, Renovierungen entzweien die Paare. Siekkinens Protagonisten tragen ihre Geschichten mit sich herum, frühere, gescheiterte Beziehungen, die Liebe, die sie nicht mehr haben oder nicht mehr geben können oder die ihnen einfach bloß fehlt.

Siekkinen hat keine Scheu vor großen Fragen (»Aber was ist die Liebe eigentlich?«) und schreibt Sätze, die erst schlicht daherkommen, um dann zu einem Erkenntnis-Tiefschlag auszuholen, Seufzer-Sätze wie »Vier waren wir, und alle schon einmal geschieden« schlagen plötzlich zu.

Sie können halbe Leben erzählen, diese Sätze, und lange Dauer raffen, einmal heißt es: »Ich kannte ihn schon, als er sich von seiner Familie trennte, und auch, als er sich von der Frau trennte, wegen der er seine Familie verlassen hatte.«

Die Traurigkeit des modernen Paarlebens packt Siekkinen in die unspektakuläre Aufzählung eines Haushaltsinventars: »Auch vieles andere hatten sie angeschafft, damit das Leben einfacher wurde: eine Geschirrspülmaschine, eine Waschmaschine mit Trocknerfunktion, eine Mikrowelle und ein zweites Telefon, da die Wohnung groß war.« Es wird allerdings nicht einfacher, dieses Leben im perfekt eingerichteten Haushalt, nein, obwohl die Kaffeemaschine sogar einen Timer hat. Einfacher wird es nicht, es läuft so vor sich hin und verrinnt, es zeigt sich immer »voll von kleinen Anfängen und Enden«.

Ich bin sehr angetan von diesen getupften Erzählungen. Sie transportieren mich nach Finnland, in den kurzen finnischen Sommer, ans Meer und in ein Sommerhaus an einen See. Sie versetzen mich auf eine winterliche Landstraße, in eine kleine Wohnung in Helsinki und an den Flughafen Vantaa, eine Frau verabschiedet dort einen Mann, der Geliebte fliegt fort, er fliegt ohne sie nach Paris, sie bleibt mit ihrem Schmerz und dem neuen Rock zurück.

Ich bin so angetan von all diesen finnischen Realitäten, dass ich das gleich mitteilen möchte, ich schreibe einer finnischen Freundin, schreibe ihr, dass ich Raja Siekkinnen lese und begeistert bin. Die Freundin antwortet gleich, sie sitzt in einem finnischen Zug, unterwegs nach Oulu, grobe Richtung Polarkreis. Ob sie dort Liebe findet? War sie nicht auch auf der Suche?

Erzählungen sind gute Erzählungen, wenn sie in ihren Lesern eigene Geschichten auslösen. Wenn sie Leser denken lassen: Das kenne ich, das stimmt, das ist wahr, davon könnte ich auch erzählen. Diese Illusion im Leser hervorzurufen, ihn glauben zu lassen: Das hätte ich auch gekonnt, ich bin nur nicht dazu gekommen – das ist Siekkinens eigentliche Kunst.

Was so einfach aussieht, ist schwer, trotzdem tappe ich gleich selbst in diese Falle und bilde mir ein, ich könnte hier ansetzen und weitererzählen: Bin ich nicht auch schon mal in Helsinki abgeflogen? Gab es da nicht einen ähnlichen Abschied? Lag ich nicht einmal im Sommer am Ufer von Seurasaari und wollte zu einem Felsen schwimmen? Habe nicht auch ich schon einmal eine Frau gefragt, ob wir nicht doch heiraten sollten? Ich erschrecke mich ein wenig, Siekkinen zu lesen, heißt anscheinend, sich selbst zu lesen. Dazu fallen mir Freunde und Bekannte ein, aus deren Leben sich ganz ähnliche Geschichten erzählen ließen: Wie oft sie sich getrennt haben und wieder zusammenkamen, wie verzweifelt, wie traurig der oder die nun ist, ich muss daran denken, dass ein Freund, der einmal ein bester Freund war, sich nun zum wiederholten Male in die Psychiatrie hat einweisen lassen wegen depressiver Erschöpfung.

Ich lese Siekkinens Geschichten, und andere Geschichten fangen an, sich in meinem Kopf auszubreiten, sie erzählen sich von selbst. Siekkinen bereitet das vor, erzeugt die Stimmung, ihre Sätze und ihre Auslassungen stimulieren, sie lässt die Lücken, in die eigene Geschichten passen.

Frauen erzählen aus ihrem Leben, Männer sind schon tot oder einfach nicht da und eher keine Helden, Kinder kommen kaum vor, Abtreibungen werden erwähnt. Die Jugend ist vorüber, es wird beobachtet: »Im Winter saß ich manchmal abends im dunklen Zimmer und dachte an die Menschen, die ich kannte, daran, wie es ihnen ergangen war und wie es ihnen in Zukunft ergehen würde.«

»Was passiert mit ihnen allen?«, fragt sich die Krankenhaustelefonistin in einer dieser Geschichten. Ja, was passiert mit all diesen Menschen? Und was ist mit ihnen passiert, dass sie so traurig sind? Was soll das bedeuten?

Die Telefonistin versteht, dass sie ihren Mann nicht mehr liebt. Diese Erkenntnis überkommt sie, während dieser ihr nach dem Saunagang den Rücken schrubbt. Dummerweise sagt er genau in diesem Augenblick: »Ich liebe dich.«

Sind Siekkinens Figuren bloß auf der Suche nach Trost? Wollen sie nicht getröstet werden, die Telefonistin, die den Betrug ihres Mannes nicht vergessen kann, der Mann nach seiner vierten Trennung, die Witwe, die immer noch trauert, die junge Frau, die sich selbst mit einem Pelzmantel vor dem Liebesschmerz schützt?

So schön leer. So leicht-schwer und so verzweifelt. So konzentriert, mit Lücken für die eigenen Geschichten sind diese Geschichten, schreibe ich der finnischen Freundin in den Zug nach Oulu. Voller Jahreszeitenwehmut und nicht ohne Klischeeberührung, der schweigsame Finne (»der ganze Streit kommt daher, dass wir einfach nicht reden!«) hat auch seinen Auftritt.

Kurioserweise schreibe ich ihr all das aus dem sehr unfinnischen Venedig – bin dabei aber eigentlich mit ihr unterwegs, irgendwo in Finnland.

---

1 Raija Siekkinen, *Wie Liebe entsteht. Zehn kurze Geschichten.* Zürich: Dörlemann 2014.

Sie essen Aal, gehen tanzen

Wir stapften in Gummistiefeln durch Venedig, da fragte die polnische Kunsthistorikerin recht unvermittelt, wie das mit dem Schreiben sei. Wie das ginge. Ob sie deutsche Sätze mit »um« beginnen dürfe und ob sie Sätze mit »und« beginnen dürfe.

»Warum nicht?«

Sie schreibe gerade ihre Doktorarbeit. Auf Deutsch. Hätte aber, wie sie verriet, vielleicht mehr zu erzählen.

Ich erinnerte mich, dass ich selbst, lange her, versucht hatte zu promovieren. Ich erinnerte mich, dass ich meine Doktorarbeit nie beendet, ja, wenn ich ehrlich bin, nie ernsthaft begonnen hatte, weil ich die ganze Zeit über lieber an meinem ersten Roman schrieb, heimlich, das Promotionsvorhaben war meine Tarnung, in der Deckung arbeitete es sich ganz gut.

Sie wolle kurze Geschichten schreiben, so die polnische Kunsthistorikerin, »Weibergeschichten«, und wie sie »Weibergeschichten« sagte, klang schon mal vielversprechend.

»Wie das mit dem Schreiben geht? Ich weiß es nicht«, sagte ich. »Ich habe keine Ahnung.« Wir spazierten durch die überflutete Stadt im Wasser.

Mir fiel ein, wie viel ich nach meinem Studium wieder vergessen musste. Literaturtheorie hilft beim Schreiben, dann aber hilft sie auch nicht – beides gilt.

»Natürlich darfst du einen Satz mit ›um‹ beginnen«, sagte ich, »du kannst zum Beispiel sagen: ›Um ihren Gatten, der sie betrogen hatte, zu vergessen, vielleicht auch um sich zu rächen, fuhr sie nach Venedig und stürzte sich nicht in den Canal Grande, sondern in die Arme eines anderen Mannes.‹«

Ja, sie hatte etwas zu erzählen: Mit Mitte zwanzig erst war sie aus Polen nach Deutschland gekommen. Aufgewachsen war sie in Ostpolen, dort, wo die Welt einmal zu Ende gewesen war, wo die Schienen endeten. Wo hinter der Grenze die Sowjetunion lag, heute aber Litauen – ein Land, das nun, seltsam, westlicher als Ostpolen sei, in Litauen gebe es den Euro, in Polen hingegen noch nicht.

Fast alle seien fortgegangen. Eine ganze Generation sei ausgewandert, 600.000 nach Großbritannien, 200.000 nach Irland, viele nach Deutschland. So viele seien fort, dass es nun beinah attraktiv geworden sei zurückzukehren. Für sie sei das allerdings keine Option.

Und ich wollte der Polin, die in nur sieben Jahren so gut Deutsch gelernt, die einen Deutschen geheiratet hatte und nun einen deutschen Pass besaß, gern helfen, ihre Geschichten zu erzählen. Ich wollte sie lesen.

Sie erzählte vom letzten Prellbock vor der Grenze, und ich sagte, sie könne ihre deutschen Sätze anfangen lassen, wie sie wolle. Sagte, dass es sowieso darum gehe, einen eigenen Ton zu finden. Dass die Sprache selbst das Kunstwerk sei, und wenn ihre Sprache dazu eine Geschichte erzähle, umso besser.

»Muss die Sprache schön sein?«, fragte sie.

»Sie darf schön oder besonders hässlich sein, unbehauen roh oder elegant. Sie sollte bloß einen Ton, eine Stimme haben. Sie sollte etwas sagen, dabei jedoch Lücken lassen, Lücken, in denen der Leser den Text weiterschreiben kann.«

Das gefiel ihr. Sie wolle ja sowieso eher kurze Erzählungen schreiben, Essenzen von Geschichten.

Trotzdem: Auch wenn ich mir den Anschein gab, ich kann es eigentlich nicht erklären. Ich weiß nicht, wie ich eine Geschichte schreibe. Soll, möchte oder muss ich, verzweifle ich, denke: Nein, ich kann das nicht, jetzt fliegt alles auf, jetzt kommt heraus, dass ich gar nichts kann, dass ich mich bis heute immer bloß durchgemogelt habe, dass ich ein Hochstapler bin. Endlich.

Wüsste ich andererseits immer, wie es geht – mir würde wahrscheinlich wahnsinnig langweilig werden. Wüsste ich es zu genau, ich würde mich zu Tode langweilen. Und vielleicht doch lieber in einem Büro oder einer Bank arbeiten.

Ich erzählte der Kunsthistorikerin, die noch in Polen Malerei studiert hatte und nun »Weibergeschichten« schreiben wollte, nichts von meiner immer wieder auftretenden Schreibverzweiflung. Erzählte nichts von meinem Nicht-Schreiben-Können und den Phasen, in denen in meinem Kopf nichts passiert, in denen ich nur darauf warten kann, irgendwo ein Wort, eine Wendung oder einen Satz zu hören. In mir? Ach, ich weiß nicht.

»Ich freue mich auf deine Geschichten«, sagte ich. »Du musst einfach anfangen. Hineinhorchen und anfangen.«

»Und wie mache ich das?«

Was mache ich, fragte ich mich nun selbst, während unsere Füße sich weiter durchs Wasser schoben, es plätscherte. Ich sammle und versuche, in einen Zusammenhang zu bringen. Ich versuche, zu modellieren und zu komponieren – komponieren soll heißen: Ich suche nach Übergängen, um Dinge und Sätze, die vielleicht gar nicht zueinander passen, so anzuordnen, dass eben das nicht weiter auffällt. Und nein, natürlich fange ich Texte nicht mit dem ersten Satz an und senke die Feder, wenn ich den Punkt hinter dem letzten Wort des letzten Satzes getupft habe. Nein. Und natürlich weiß ich anfangs nie, was ich da eigentlich schreibe. Um das herauszufinden, schreibe ich ja. Und dabei ist die Angst, dass es bloß eine Laubsägearbeit sein könnte, mit der ich mich da beschäftige, immer bei mir, literarische Laubsägearbeiten machen ja auch viel Mühe. Oder klebe ich vielleicht, ebenfalls mühsam, nur eine Kathedrale aus abgebrannten Streichhölzern zusammen?

Eine Geschichte muss mich selbst so sehr interessieren, dass ich mich ihretwegen mehrere Jahre lang jeden Tag freudig aus dem Bett erhebe und rasch und erregt Richtung Schreibtisch hüpfe. Leider finden solche Geschichten sich nicht so leicht. Leider springe ich nicht jeden Tag supereuphorisch aus dem Bett, auch deshalb dauert das mit den Büchern oft so lange. Und trotzdem: Es gibt die große Arbeitsfreude, die Euphorie, den Fluss – dass etwas geht, dass eine Sache sich fügt und auf geheimnisvolle Weise zur anderen passt, auf einmal etwas bedeutet – auch wenn ich nicht immer sagen kann, was.

Ein Text muss mich so interessieren, dass ich in ihm wohnen kann. Wohlfühlen muss ich mich in ihm, mich einrichten können, ich muss in ihm leben können. Der Text ist mein Haus, und es tut weh, eines Tages aus ihm auszuziehen. Die Freude, einen Text abgeschlossen zu haben, wiegt den Schmerz nicht immer auf.

»Die Stimmung ist wichtig beim Schreiben«, sagte ich, während wir weiter durchs Hochwasser wateten, Acqua alta bis Gummistiefeloberkante.

Ich darf nicht genervt sein und nicht genervt werden. Andererseits: Wer auf perfekte Bedingungen wartet, wird nie einen Satz zu Papier bringen. Mir hilft es, anderswo zu sein, in der Fremde fällt mir alles leichter. In Venedig zum Beispiel. In der schönsten Stadt überhaupt, der Stadt aller Städte zu wohnen, kann beim Schreiben helfen – oder in noch tiefere Verzweiflung stürzen. Meist aber ist die ästhetische Dauererregung durch die Umgebung äußerst hilfreich. Mir zumindest.

Hatte diese ästhetische Dauererregung, der Schönheitsrausch bei der polnischen Kunsthistorikerin Erinnerungen ausgelöst? Sie berichtete von abgetrennten Köpfen, die dort, an ihrem Ende der Welt, gelegentlich in den Wäldern gefunden würden. Sie erwähnte die Automafia, die in Westeuropa gestohlene Autos über die Grenze verschöbe. Sie erzählte Schmuggelgeschichten.

»Autoren sollten nicht schlauer sein als ihre Texte«, sagte ich noch, »ich weiß nicht genau, warum. Ist ein Autor schlauer als sein Text, ist sein Text wahrscheinlich nicht gut genug. Er hat dann wohl nicht alles in seinen Text hineingelegt, ein Text sollte mehr wissen als sein Autor.« Wie er das erreichen kann, konnte ich ihr, Wasser schwappte in meinen linken Gummistiefel, leider nicht verraten. Ich sagte bloß, dass ich immer hoffe, ein klein wenig dümmer als meine Texte zu sein.

Entgegen meiner sonstigen Arbeitsweise habe ich all das, was hier steht, in einem Zug niedergeschrieben. Es floss, einschließlich dieses Satzes, nur so aus mir heraus. Deshalb, ich bitte um Verzeihung, springt dieser Text ein wenig hin und her – wobei, halt, lieber Leser, Sie wissen ja: Autoren lügen. Trotz aller Ehrlichkeitsparadigmen lügen sie fast immer, wenn sie von sich und ihrer Arbeitsweise erzählen sollen.

Ich musste auch diesen Text nach einem ersten handschriftlichen Entwurf zigmal überarbeiten. Soll ich eine hohe Zahl nennen? Zwölfmal? Zwanzigmal? Ich könnte behaupten: Zwanzigmal habe ich diesen Text ausgedruckt, überarbeitet, neu geschrieben und korrigiert – aber stehe ich dann nicht wie ein pedantischer Beamter meines eigenen Schreibens da? Als Literaturbürokrat? Nein, ich behaupte lieber, all das, was ich hier von mir gebe, sei mir klingend wohlformuliert in einem Guss aus der Feder geflossen, es ist mir halt gegeben, ich bin geküsst.

Viele Texte, viele meiner Texte und auch diesen gäbe es gar nicht, wenn es nicht den Auftrag gegeben hätte, ihn zu schreiben. Und weil ich weiß, wie effektiv solche Schreibaufgaben von Tageszeitungen, Zeitschriften oder Radiosendern sind, versuche ich gelegentlich, mir selbst welche zu stellen, zum Beispiel: jeden Abend die Ereignisse des vergangenen Tages notieren. Eine andere lautet: einen kurzen Text über jedes Hotelzimmer schreiben, in dem ich eine Nacht verbringe. Eine dritte: den Alltag meiner Berliner Nachbarn aufzeichnen, die ihr Wohn- und Schlafzimmer mit bodentiefen Fenstern mitten in die Aussicht gebaut haben, die ich zuvor von meinem Schreibtisch aus hatte.

All das hilft – allerdings bin ich oft faul. Die echten Aufträge, die mit Termin, funktionieren besser. Es gibt eine Erwartung, die Deadline und damit die erzwungene, nur schwer zu simulierende Verzweiflungskonzentration.

Trotzdem schlug ich der Kunsthistorikerin, die ich nun einige Absätze dieses Textes allein im venezianischen Hochwasser habe stehen lassen, vor, sie möge, solange sie noch in Venedig sei, jeden Tag eine ihrer Grenz- und Weibergeschichten niederschreiben. Für mich. Sie könne sie einfach hinschmieren, grob skizzieren. »Überarbeiten und verbessern lässt sich immer«, sagte ich, »später.«

Kurz vor der Abreise aus Venedig, fiel mir dann ein: Ich muss ja diesen Text noch schreiben! Verzweiflungsanfall. Was soll ich bloß erzählen? Wovon? Ich begann mit einigen Notizen: Ich in Venedig, das war ein Einstieg. Hochwasser. Und wenn ich bloß wüsste, wie – da stand auf einmal Margareta, die polnische Kunsthistorikerin, vor mir, die Malerin, die Geschichten schreiben wollte. Sie, die vielleicht bloß erfunden ist, vielleicht aber auch nicht, erzählte:

»Er ist ein frecher Junge, er bringt Mädchen dazu, Dinge zu tun, die sie nachher bereuen.

Sie nimmt sich vor: Du wirst mich lieben, du wirst vor mir niederknien.

Es dauerte eine Weile.

Eines Tages sagt er: ›Ich möchte dich küssen!‹

Sie lacht und sagt: ›Nein, anständige Mädchen machen so was nicht.‹ Er kniet nieder und bettelt um einen Kuss. Sie schickt ihn weg.

Jahre später, zu Besuch in der Heimatstadt, trifft sie den frechen Jungen wieder. Sie fahren im Auto herum. Sie essen Aal, gehen tanzen. Sie leckt von seinem Eis. ›Sei nett‹, sagt er und versucht, sie zu küssen. Sie will nicht.

Zwei Monate später träumt sie vom Nichts, das Nichts ist weiß. Der freche Junge taucht auf, sie freut sich, sie möchte ihn küssen. Er aber schüttelt den Kopf und sagt: ›Ist schon okay.‹

Am nächsten Morgen erfährt sie, dass er verunglückt ist.«

Ich war in einem anderen Blau

Die Anreise lohnte sich immer. Schon der Weg war schön, durch den Thielpark und seine Senke, durch den Schwarzen Grund. Am Eingang der Institutsvilla grüßten bunte Kacheln, ein neusachliches Mosaik. Manchmal saß Christiane Rösinger im Vorraum der Bibliothek, noch war sie Hilfskraft, Popstar wurde sie erst später.

Es durfte geraucht werden in der Bibliothek, im Wintergarten, ja. Nachmittage habe ich da versessen und den Füchsen auf der Wiese zugesehen. Anfangs war der Pool noch offen, das Wasser grün, einmal haben wir gebadet.

Es gab so viel zu lesen. So viele Bücher, so viele Sammelbände. Wann werde ich das alles gelesen haben? Hatten alle anderen schon alles gelesen? Wussten sie alles? Einige taten zumindest so ...

»Ich gehe in ein anderes Blau« stand außen auf dem Schnellbau. Wer hatte das dahin gesprüht? Mir gefiel's, ich ging mit, ging mit ins »Petra-Szondi-Institut«, auch das hatte jemand quer über die Fassade gesprayt, gleich neben »Sterben aber wie?«.

Die Luft war oft schlecht im großen Seminarraum, es wurde so viel gedacht, geredet und geraucht. Hin und wieder wurde auch gelüftet. Wieder ein Referat, ach ja, Kommilitonen kochen auch nur mit Wasser, manche kochten allerdings mit Wein. Einmal schlief die Lehrkraft ein.

Anregend auf die eine oder andere Weise war es immer – selbst wenn es angenehm langweilig war.

Der Schnellbau (tolles Wort, mir nur für dieses Gebäude bekannt) hatte Fensterbänder auf beiden Seiten und also Ausblick. Kritzeln ging immer – und wenn es nur Notizen für nie abgeschickte Liebesbriefe waren.

Hausarbeiten zu schreiben, konnte sich über Wochen, Monate, Semester hinziehen. Es sollte ja wieder etwas ganz Besonderes werden. Oder waren wir vielleicht bloß faul? Anzufangen, einfach anzufangen, war ein Problem. Hatten wir nicht alle Zeit der Welt?

Es ging darum, sich einen Jargon anzueignen, zu imitieren, in Stimmen zu reden, mitzureden, Nietzsche und die Postmoderne? Benjamin? Wie? Was? Derrida selbst hat hier am Institut unterrichtet? Ich bin zu spät, habe das Eigentliche verpasst, alles Großartige ist schon gewesen ...

Manchmal kam ich mir ein bisschen dumm vor. Was wollte Deleuze mir sagen? Und wann würde auffallen, dass ich gar nicht alles verstand?

Ich las kreuz und quer, nicht immer das, was ich eigentlich lesen sollte – die Bücher in den Seminarapparaten der anderen Seminare erschienen interessanter.

Ich saß am Fenster und las, am liebsten Zeitschriften. Und wollte, der Wunsch, ach die Sehnsucht, auch mal was schreiben. Hatte ich etwas zu erzählen? Das Gefühl war diffus. Vielleicht nur dieses diffuse Gefühl beschreiben? Zeit war genug. Ich erinnere mich an keine Pflichtveranstaltungen. Oder habe ich die vergessen?

Nachmittags um fünf blies die Trompete auf der benachbarten Alliierten-Kaserne zum Zapfenstreich. Es kam vor, dass sie mich weckte. Die Amerikaner sind lange abgezogen, das Institut ist umgezogen – manchmal sitze ich trotzdem noch dort, Hüttenweg 9.

Serienjahre

1

Wie lange schaue ich schon Serien? Seit elf Jahren? Zwölf? Es fing damit an, dass ich krank war. Ich lag im Bett und hatte Zeit. Viel Zeit. Ein Freund brachte mir eine Spindel selbst gebrannter, mit Folienstift beschrifteter DVDs, »The Sopranos« und »Six Feet Under« las ich da. Das Notebook (damals ein Thinkpad) lag mit mir im Bett, das eingebaute DVD-Laufwerk brummte, Zauberei, der VLC-Player öffnete alle Dateien. Ich schaute und war in Amerika, in New Jersey und in Los Angeles – obwohl ich doch in meinem Bett in Berlin lag.

Der Freund brachte immer neuen Stoff, ich war nun nicht nur krank, ich war auch süchtig, seriensüchtig, bald war ich mit »Deadwood« im Wilden Westen, bald abgestürzt mit einem Flugzeug auf einer geheimnisvollen Insel. »Lost« hieß die Serie. Und ich war es auch.

2

Was war dieses Jahr? Was habe ich gesehen? »Broad City« war eine Entdeckung, erste und zweite Staffel, so, so lustig. Manche Szenen musste ich drei bis viermal schauen, um Ilana (Ilana Glazer) und ihre schmutzigen Witze dann noch immer nicht zu verstehen. Zwei junge Frauen im nicht so glamourösen New York, Abbi (Abbi Jacobson) ist als Reinigungskraft in einem Fitnessstudio beschäftigt, Ilana sitzt ab und zu in einem Büro und arbeitet dort eher nicht. Sie kiffen, Abbi hätte gern einen Freund, Ilana hat Sex, hätte ihn gern auch mit Abbi. Freundinnen, mir geht das Herz auf. Seit ich »Broad City« sehe, finde ich »Girls« mit Hannah Horvath (Lena Dunham) und ihren New Yorker Freundinnen, vierte Staffel, ebenfalls in diesem Jahr, ein bisschen bieder.

»Louie« von und mit Louis C. K. war auch dieses Jahr bei mir. Die Leiden eines geschiedenen, freiberuflich künstlerisch tätigen Vaters Anfang vierzig (wie sein Darsteller ist der Serien-Louie Stand-up-Comedian) müssen mich doch trösten. Louie wohnt ebenfalls in New York, allerdings deutlich besser als Abbi und Ilana.

»Veep« ist noch immer eine große Freude, immer wieder, immer wieder. Vizepräsidentin Selina Meyer (Julia Louis-Dreyfus) wurde in der vierten Staffel sogar Präsidentin – muss nun aber gleich in den Wahlkampf. Die Folgen kommen mir immer zu kurz vor. Sind sie vielleicht deshalb so gut?

»Orange Is the New Black«, die dritte Staffel, in zwei Tagen aufgesaugt. Hatte ich nichts anderes zu tun? Wahrscheinlich schon – Pech. War dann doch wichtiger für mich, bei den Frauen im Litchfield Penitentiary zu sein, es gibt dort noch immer viel zu erzählen. Piper Chapman (Taylor Schilling) ist nun Unternehmerin, ihr Bruder verkauft in ihrem Auftrag von Insassen getragene, aus dem Gefängnis herausgeschmuggelte Höschen.

»Unbreakable Kimmy Schmidt«, erste Staffel. Die Titelheldin (Ellie Kemper) war fünfzehn Jahre von einem Sektenführer in einem Bunker eingesperrt, nun zieht sie nach New York City. Sehr, sehr komisch. Ellie Kemper ist toll – ich erinnere mich allerdings nur so ungefähr, weil ich alle Folgen am Tag nach der Netflix-Veröffentlichung hintereinander wegschaute, ich müsste nacharbeiten ...

Neu in diesem Jahr auch »Narcos«, die Serie, die von Pablo Escobar, Kolumbien und dem Kokain erzählt. Mir gefällt, dass fast nur Spanisch gesprochen wird. Und Pablo Escobar (Wagner Moura) ist so sympathisch grausam. Und alles hat sich ungefähr so zugetragen? Wirklich? Kaum zu glauben. »Plata o plomo« lautet das oft zitierte Leitmotiv der Serie, nicht alle nehmen das Geld, viele bekommen die Kugel. Wie viele sterben in der ersten Staffel? Sind es über tausend Statisten? Immer wieder ist schöne kolumbianische Musik zu hören, »Narcos« verdanke ich Elia y Elisabeth und ihr bezauberndes »Todo en la vida«.

»Fargo«, zweite Staffel, die Serie löst sich nun von dem durch den Coen-Brüder-Film vorgegebenen Rahmen und spielt im Jahr 1979. Ich sehe sie nach und nach, wie sie ausgestrahlt wird, Folge für Folge. Gerade heute ärgere ich mich, dass ich nun wieder eine Woche warten muss. Ist ja fast wie Fernsehen, ich bin das nicht mehr gewohnt, im Gegenteil, ich habe mich daran gewöhnt, dass alles jederzeit zur Verfügung steht, auf Abruf, on demand.

Kirsten Dunst spielt eine herrlich halbverrückte Friseuse mit New-Age-Anwandlungen, die sehr viel Unheil anrichtet. Meine Lieblingsfigur dieser Staffel ist der schweigsame Indianer, ein Killer in Diensten der deutschstämmigen Verbrecherfamilie. Obgleich in jeder Folge Figuren sterben – sie werden zerhackt, einfach erschossen oder auch mal lebend unter heißem Asphalt begraben –, ist es eine ruhige, beinah sanfte Serie, in der viel Auto gefahren und viel Landschaft, viel leere Landschaft, gezeigt wird, oft von oben. Ja, es wirkt fast so, als ginge es der Kamera hauptsächlich um Stillleben archetypischer Americana. Und wie in manchen Filmen der siebziger Jahre gibt es in fast jeder Folge einen vertikalen Split Screen, der Parallelhandlungen zeigt.

Größte Enttäuschung des Jahres: »The Last Man on Earth« mit Kristen Schaal. Ging leider gar nicht, schade. War überhaupt nicht lustig. Dabei hätte ich die Serie so gern gemocht, in »Flight of the Conchords« und in »30 Rock« hat die aufgedrehte Kristen Schaal mir so gut gefallen. Eigentlich bin ich Fan.

3

Sehe ich die zauberhafte, immer strahlende Ellie Kemper in »Unbreakable Kimmy Schmidt«, fallen mir die schönen Jahre mit »The Office« (US) ein, da spielte sie zuletzt die junge Rezeptionistin Erin, eine Vollwaise. Von »The Office« gibt es eine Verbindung zu »Parks and Recreation« mit der einzigartigen Amy Poehler (als Positiv-Maschine Leslie Knope) und der bezaubernden Aubrey Plaza (als ironisch-düstere, immer negative April Ludgate). »Parks and Recreation« ging dieses Jahr zu Ende, schade; Werner Herzog himself hatte in der siebten und letzten Staffel einen Gastauftritt, er spielte einen gruseligen Vermieter.

In der zweiten »Fargo«-Staffel begegne ich Nick Offerman wieder, der Ron Swanson aus »Parks and Recreation« ist nun in der Rolle des Provinzanwalts Karl Weathers zu sehen.

Amy Poehler wiederum, die in »Parks and Recreation« die Hauptrolle spielte, produziert nun »Broad City« und tritt selbst in einer Folge auf. Ihre frühere »Saturday Night Live«-Kollegin Tina Fey (»30 Rock«) produziert derweil »Unbreakable Kimmy Schmidt« und übernimmt selbst eine Rolle, Jane Krakowski (Jenna Maroney aus »30 Rock«) ebenfalls – und dann, sieh an, sogar Jon Hamm (bekannt als Don Draper in »Mad Men«), in »Unbreakable« spielt er einen bizarren Sekten-Guru. Und einst, lange bevor Jon Hamm ein erfolgreicher Schauspieler war, gab er Theater-Workshops an einer High School in St. Louis, die, ausgerechnet, wer besuchte? Ellie Kemper!

All dieses größtenteils eher unnütze Wissen hat sich in den letzten Jahren bei mir angesammelt und festgesetzt, ja, ich freue mich über diese Verbindungen zwischen den Serien, es gibt noch viele mehr. Anbringen lässt dieses unnütze Wissen sich – abgesehen von hier und jetzt in diesem Text – eher selten; es verhält sich mit ihm wie mit dem tiefem Fußballwissen, das eigentlich auch niemand braucht, dessen Erwerb einen jedoch über Jahrzehnte hinweg aufs Angenehmste beschäftigen kann.

4

Meine Lieblingsserie? »30 Rock«? Ja. »Les Revenants«? Ja. »South Park«? Immer noch, ja. »Broad City«? Ja. »The Sopranos«? Natürlich. »Flight of the Conchords«, »Louie«, »Curb Your Enthusiasm«? Ja. »Veep«, »Six Feet Under«, »Desperate Houswifes«? Vielleicht. Was ist das für eine bescheuerte Frage, ich habe doch auch kein Lieblingsbuch ... zumindest nicht nur eins ...

5

An manche Serien erinnere ich mich wie an Wohngemeinschafen, in denen ich mal gewohnt habe. Gehörte ich nicht mal zu den »Six Feet Under«-Fishers? Einmal, das war im Sommer 2009, bin ich in einem Anfall von Fantum zu dem Haus gefahren, das in den Außenaufnahmen von »Six Feet Under« als das Eigenheim der Fishers dient. In der Fiktion der Serie ist in ihm auch das Beerdigungsinstitut Fisher & Sons untergebracht, das Haus spielt gewissermaßen die Hauptrolle in dieser Serie, in der so viel gestorben wird, in jeder Folge. Ein riesiges, dreistöckiges viktorianisches Queen-Anne-Gebäude mit vielen Giebeln, ein prächtiges kalifornisches Haus – das, als ich davorstand, allerdings ein wenig heruntergekommen wirkte. Die Gegend war nicht die beste, ich konnte mir gar nicht vorstellen, Claire hier zu treffen oder ihren Bruder Nate joggend um die Ecke biegen zu sehen. Eigentlich war ich enttäuscht.

»Mad Men« war von 2007 bis 2015 bei mir, acht lange Jahre. Acht Jahre, in denen ich nicht nur meine eigene Tochter, sondern auch Sally, Don und Betty Drapers ältestes Kind, habe groß werden sehen. Sally war ihr immer um einige Jahre voraus.

2009 und 2010 sah ich einige Folgen in Amerika im Fernsehen, so richtig im Fernsehen, auf AMC. Es fühlte sich wie das falsche Medium an, mehr wie ein historisches Reenactment. Das Bild war nicht gut, und ständig wurde unterbrochen, um Werbung zu zeigen, die ganze Folge wurde zerstückelt, im Grunde zerstört.

Ich war ein bisschen traurig, als in diesem Frühjahr die allerletzte Episode lief, in der durchlaufenden Zählung die Nummer 92. Ich fühlte mich wieder, wie schon nach den »Sopranos«, als müsste ich aus einer Wohnung, aus einer sehr vertrauten Umgebung ausziehen. Schade. Die letzte Folge sah ich im Senior Guest Room Nr. 1 im St John's College, Cambridge, die Farbgebung der Inneneinrichtung und die Lampe entsprachen ungefähr dem Stil des Jahres 1970, also ziemlich genau dem Jahr, in dem die Handlung von »Mad Men« angekommen war.

6

Die HBO-Eingangs-Sequenz, die sieben Sekunden, die »HBO Ident« heißen, dieses kalte Rauschen, das, nehme ich an, das Einschaltgeräusch eines Röhrenfernsehers imitieren soll – es lässt mir noch heute immer gleich das Wasser im Mund zusammenlaufen. Meine Serienjahre haben mich konditioniert, ich weiß, nun kommt eine Folge, einmal »Sopranos«, »Six Feet Under«, »Curb your Enthusiasm« oder »Girls«.

Und warum, frage ich mich, schaue ich mir immer wieder den Vorspann an, bei fast jeder Episode jeder Serie, selbst wenn ich nun schon die vierte, fünfte, sechste am Stück schaue? Mit dem Vorspann versichere ich mir selbst, wie sehr ich diese Serie liebe, versichern Serie und ich uns unserer gegenseitigen Zuneigung. Das immer neue bunte Vorspann-Spiel des »Broad City«-Schriftzugs spielt mit mir, Tony Soprano persönlich fährt mich nach New Jersey, nimmt mich mit zu sich nach Hause und die Augen der Frauen von »Orange Is the New Black« schauen mich an, so wie ich sie später anschaue. An den Songs, die zu diesen Bildern laufen, an »You've Got Time« von Regina Spektor oder »Woke Up This Morning« der mir ansonsten völlig unbekannten Band Alabama 3, kann ich mich nicht überhören.

7

Manchmal höre ich den Vorwurf: »Du und dein inneres Amerika, immer nur Amerika.« Ja, ja. Abgesehen von der französischen Serie »Les Revenants« (»The Returned«), in der einige Tote auferstehen und, das Ganze geschieht in einer kleinen Stadt in den Bergen, zu ihren Familien zurückkehren, schaue ich tatsächlich nur amerikanische Serien und Sitcoms. Vom deutschen Fernsehen weiß ich nichts – und bin dem Internet dafür sehr dankbar. Ich bin dankbar, dass ich nicht mehr der Beschränktheit eines nationalen Fernsehens ausgesetzt bin, ich erinnere mich noch, das war mal anders.

Heute ist mein MacBook Air mein Flugzeug nach Amerika, mein Tunnel nach fast überall. Es braucht nicht mal mehr ein DVD-Laufwerk, heute kommt die neue Folge einfach durch die Luft auf meine kleine Leinwand, per WLAN aus dem Netz. Es ist doch eigentlich ein Wunder.

8

»30 Rock«, »Inside Amy«, »Veep«, »Orange Is the New Black«, »Unbreakable Kimmy Schmidt«, »Broad City«, »Parks and Recreation« – ich mag anscheinend vor allem die Serien, in denen Frauen die Hauptrolle spielen. Fast so wie im echten Leben. Ja, mir gefallen die starken schwachen Frauenfiguren, die immer leicht verrückte Liz Lemon in »30 Rock« und die oft so herrlich vulgäre

Selina Meyer in »Veep«. Im »Mad Men«-Universum ist Peggy Olson (gespielt von Elisabeth Moss, die schon die Präsidententochter Zoey Bartlet in »The West Wing« war) mir die Liebste. Ja, sind die weiblichen Figuren in »Mad Men« – tut mir leid, lieber Don – nicht überhaupt interessanter? Peggy, Joan, Betty, Trudy, Sally ... obwohl die Serie die Männer im Titel führt, kommt es mir nun so vor, als sei es eine Frauenserie.

9

Nun fällt mir doch eine deutsche Serie ein, von der ich jede Folge jeder Staffel mehrfach gesehen habe, mindestens dreimal. »Türkisch für Anfänger« heißt diese zwischen 2006 und 2009 produzierte Serie, in drei Staffeln geht es um die anfangs sechzehnjährige Lena und ihre deutsch-türkische Patchworkfamilie. Meist schauen meine Tochter und ich einzelne Folgen auf YouTube – dabei besitzen wir die Gesamtedition auf DVD, sind jedoch zu faul, das kleine externe DVD-Laufwerk an den Küchencomputer anzuschließen.

Seit fast fünf Jahren schauen wir immer wieder zu, wie Cem (Elyas M'Barek, damals noch kein Star) und Lena »Gurke« Schneider (Josefine Preuß) sich schließlich doch bekommen. Und immer wieder passiert es, dass ich sage: »Ach, die Folge kenne ich ja noch gar nicht.« – »Stimmt nicht, Papa«, sagt die Tochter dann, »natürlich haben wir die schon gesehen.«

Meine Tochter ist nun bald so alt wie Lena in der ersten Folge sein soll, mit den Jahren hat sie sich an das Alter der Protagonistin herangeschaut. Serienzeit und Lebenszeit, es gibt da schon eine Verbindung.

10

Wie viel Lebenszeit habe ich mit Serien verbracht? Ich möchte es nicht wissen. Es ließe sich leicht ausrechnen, ich müsste bloß die Komplettlaufzeiten addieren und noch etwas für all die anderen angefangenen und dann abgebrochenen Serien aufschlagen, es waren einige. Habe ich Zeit verschwendet? Nein, nie, bestimmt nicht. Im Gegenteil. Ich habe nur gewonnen. Manchmal merke ich ja, wie ich den Bildschirm anlächle, während ich schaue.

Die Eingewanderten

Ich habe Glück: Brauche ich etwas zum Lesen oder möchte ich ein bestimmtes Buch kaufen, habe ich es nicht weit. Ich muss nur um die nächste Ecke gehen und auf die Kastanienallee einbiegen, nach ein paar Schritte schon stehe ich vor meiner Lieblingsbuchhandlung.

Die Kastanienallee ist eine beliebte Straße, sie galt mal (und gilt hier und da noch immer) als hip. Manche Leute nennen sie »Casting Allee« – haben diese Bezeichnung dann aber entweder vor Jahren in einem Stadtmagazin oder in einem heute veralteten Reiseführer gelesen.

Reiseführer ist ein gutes Stichwort: Die Wahrscheinlichkeit, dass ich auf dem Weg zu meiner Lieblingsbuchhandlung zehn bis zwanzig Berlinbesucher mit Reiseführern, aufgefalteten Stadtplänen oder Smartphones mit geöffneter Karten-App in der Hand begegne, ist zu jeder Tages- und Nachtzeit sehr hoch.

Berlin ist eine Attraktion. Berlin ist ein Reiseziel, die Übernachtungszahlen steigen seit Jahren, jede Woche eröffnet ein neues Hotel, Wohnungen werden als Ferienwohnungen vermietet. Berlin ist so attraktiv geworden, dass einige Stimmen unken, es sei nun schon wieder vorbei mit dieser Stadt, und irgendwo anders – nur wo? – habe bereits das neue Ding begonnen.

Was zieht die Touristen hierher? Die vielen Läden, in

denen es Krimskrams zu kaufen gibt? Die Mode? Boutiquen mit teuren Sneakers? Die schön renovierten Altbaustraßenzüge – historisierender Stuck wurde in vielen Fällen neu an die Fassaden geklebt? Kommen die Besucher, weil sie hier preiswert oder gut essen können? Beim Inder, Thai, Vietnamesen, Italiener, Griechen, Bayern, Koreaner, Türken oder Libanesen – um nur Lokale in meiner Straße aufzuzählen. Kommen sie, weil hier auf der Straße getrunken werden darf? Und der Alkohol so billig ist, es an einem warmen Abend fast eine Bürgerpflicht zu sein scheint, mit einer Flasche Bier in der Hand Richtung Mauerpark zu schlendern?

Die Straße, in der ich wohne, und die in der Nachbarschaft sind Touristenstraßen geworden und fast immer belebt. Vor fünfundzwanzig Jahren, ich erinnere mich, sah es hier anders aus. Die Straßen waren leer. Es gab nicht ein Café neben dem anderen, es standen keine Stühle und Bänke auf den Gehwegen, manche Häuser waren halbe Ruinen, es wurde mit Braunkohle geheizt. Es sah aus, als ob der Zweite Weltkrieg eben erst zu Ende gegangen wäre.

Einige Spuren erinnern noch an diese Zeit, es gibt noch Gehwegplatten mit Einschusslöchern. Und es gibt die Retropostkarten in den Ansichtskartenständern. Auf dem Weg zur Buchhandlung komme ich an mindestens zweiundzwanzig drehbaren Ansichtskartenständern vorbei, sie stehen auf dem Bürgersteig, kein Passant kann sie übersehen. Einige Karten zeigen, wie die Stadt einmal ausgesehen hat: wie prächtig vor und wie kaputt nach dem Bombenkrieg und der Eroberung durch die Rote Armee im Jahr 1945. Nicht wenige zeigen, wie romantisch-ruinös die Stadt einmal war. Und wie reizend die Architektur der DDR-Moderne sich präsentieren kann.

Kurioserweise gibt es auch eine Ansichtskarte des Gebäudes, in dem die Lieblingsbuchhandlung liegt, es handelt sich nämlich um ein früher besetztes, heute legalisiertes Haus, das wie ein Relikt zwischen seinen luxussanierten Nachbarn steht.

Die Ansichtskarten bringen Umsatz und Laufkundschaft, auch in die Lieblingsbuchhandlung. Ihr Name lautet Buchhandlung zur Schwankenden Weltkugel. Die »Schwankende Weltkugel« ist eine Hommage an eine Novelle der großartigen Schriftstellerin Franziska Gräfin zu Reventlow, die sich um 1900 herum wenig um gesellschaftliche Konventionen scherte und als Selbstverdienerin und alleinerziehende Mutter in der Münchner Boheme reüssierte.

Die Buchhandlung ist ein unabhängiger, politischer, linker Buchladen, der von einem Frauenkollektiv geführt wird. Kein Konzern, keine Großhandelskette ist beteiligt – daher auch die vielen politischen Flugschriften im Geschäft. Und die gute Literatur.

Ich freue mich, dass es trotz des auch in Deutschland immer mächtiger werdenden Internetbuchhandels noch unabhängige Buchhandlungen gibt. Kunden aus englischsprachigen Ländern, die diesen Laden betreten – sie tun das meist, um eine Street-Art-, Fernsehturm oder Mauerkitschpostkarte zu kaufen – müsste nach einigem Herumstöbern eigentlich auffallen, wie viele übersetzte Bücher hier ausliegen. In englischen oder amerikanischen Buchhandlungen ist dieser Bereich ja leider oft recht übersichtlich, ein schmales Regal, mehr nicht.

In deutschen Buchhandlungen können hingegen mehr als die Hälfte aller präsentierten Bücher Übersetzungen sein, die meisten selbstverständlich aus dem Englischen. Das lässt sich positiv deuten: Ja, deutschsprachige Leser interessieren sich für die Literaturen anderer Sprachen und Länder. Für die Welt. Oder aber kritisch hinterfragen: Ist die deutschsprachige Literatur vielleicht weniger unterhaltend? Weniger spannend? Zu schwer, zu belehrend, am Ende zu langweilig? Ich hoffe doch nicht. Ich versuche mich ja selbst gelegentlich in deutschsprachiger Literatur.

Ich schaue über die Neuerscheinungen, über die politischen Bücher, die Bücher über Berlin. Es gibt ein Heftchen mit den persönlichen Empfehlungen der Buchhändlerinnen, viele politische und philosophische Titel darunter. Hier liegen auch Bücher von kleineren Verlagen. Ein Bildband heißt »Berlin Wonderland« und zeigt auf schwarzweißen Fotografien aus den frühen neunziger Jahren, wie Berlin-Mitte einmal aussah – ein Berlin, das heute verschwunden ist. Das zweisprachige Buch (Deutsch und Englisch, wenig Text) ist ein Bestseller – wahrscheinlich, weil es die Sehnsucht, in diesen aufregenden Jahren in

Berlin dabei gewesen zu sein, damals, als alles Anfang war, so gekonnt erweckt und dann nur teilbefriedigt.[1]

Ich greife nach einem anderen reich bebilderten, broschierten Buch, es versammelt Interviews, die Kinder und Jugendliche mit Zeitzeugen zu ihren Erlebnissen im geteilten Deutschland geführt haben. Einige der Befragten berichten davon, wie es war, aus der DDR zu fliehen und in der Bundesrepublik ein neues Leben zu beginnen.[2] Ich schaue mich weiter um und staune, wie viele Bücher sich noch immer auf die eine oder andere Art mit der deutschen Teilung beschäftigen oder von der DDR erzählen, dem Land, das vor sechsundzwanzig Jahren dann einfach verschwand – in der Literatur seither aber jede Saison wieder aufersteht. Ja, es scheint mittlerweile fast so, als sei die DDR so richtig erst nach ihrem Ableben entstanden. Erst seit sie nicht mehr existiert, können die Romane von Jochen Schmidt, Eugen Ruge und Angelika Klüssendorf (um stellvertretend nur einige zu nennen) sie uns erzählen.

War die deutsche Literatur im letzten Vierteljahrhundert hauptsächlich mit der deutschen Teilung, dem Mauerfall und den Folgen der Wiedervereinigung beschäftigt? Ja, und vielleicht aus gutem Grund: Es gab (und gibt noch immer) so viele unglaublich anmutende Geschichten zu erzählen. Versuchen Sie mal einem acht-, neun- oder zehnjährigen Kind zu erklären, dass die Stadt Berlin noch vor nur sechsundzwanzig Jahren durch eine hohe Mauer getrennt und in zwei Teile geteilt gewesen ist. Und dass diejenigen, die versuchten, von der einen zur anderen Seite zu gelangen, die versuchten, über die Mauer zu klettern, erschossen wurden! Sie werden staunende, ungläubige Blicke ernten.

»Stimmt das, Papa?«, fragte meine Tochter, als ich ihr das erste Mal davon erzählte – an der Gedenkstätte mit den erhaltenen Grenzanlagen an der Bernauer Straße fahren wir oft vorbei, wir wundern uns jedes Mal ein bisschen darüber. Einmal sagte sie: »Papa, das ist doch total ungerecht! Das ist gemein! Warum haben die sich nicht gewehrt? Haben sie nicht protestiert? Ich hätte mir das nicht gefallen lassen!«

Ich freue mich darüber, dass ein Kind sich die Ungerechtigkeit, die politische Unterdrückung und die Repressionen, die in der DDR dazugehörten, heute gar nicht mehr vorstellen kann. Wir leben in glücklichen Zeiten.

Berlin ist in diesen Spätsommertagen jedoch nicht nur das Reiseziel Zehntausender Touristen. Es kommen nicht nur Besucher aus aller Welt, die sonntags Richtung Mauerpark strömen, dort den mittlerweile weltberühmten Flohmarkt besuchen und dem Mauerpark-Karaoke lauschen – es kommen auch Tausende Flüchtlinge, hauptsächlich aus Syrien. Sie lagern vor der ersten Anlaufstelle, dem Landesamt für Gesundheit und Soziales, einer zurzeit überlasteten Behörde, die Flüchtlinge verteilen sich über die Stadt, hausen in Notunterkünften, in leer stehenden Schulen, Hostels, Heimen, Turnhallen und in den Hangars des ehemaligen Flughafen Tempelhof. Ein Bekannter wohnt nun mit zwei syrischen Flüchtlingen in einer Wohngemeinschaft, zwei Freundinnen und ein Freund unterrichten Deutsch in einer Flüchtlingsunterkunft, eine andere Freundin kümmert sich in einem anderen Heim regelmäßig um Flüchtlingskinder. In der Schule meiner Tochter gibt es nun schon zwei sogenannte Willkommensklassen – Schulklassen für gerade angekommene Kinder und Jugendliche, die bisher wenig oder gar kein Deutsch verstehen und sprechen.

In meiner Lieblingsbuchhandlung zur schwankenden Weltkugel – der Name gefällt mir immer besser – finde ich das Buch der Stunde. Es ist schon vor einigen Jahren erschienen und heißt »Der falsche Inder« – hier steht die Taschenbuchausgabe im Regal. Geschrieben hat es der im Irak geborene, heute in Deutschland lebende und auf Deutsch schreibende Autor Abbas Khider, der selbst ein Flüchtling war.

Verpackt in eine Herausgeberfiktion erzählt er eine (vielleicht seine) Fluchtgeschichte; eine wahre Odyssee, die aus einem irakischen Gefängnis über Nordafrika und Griechenland bis nach Deutschland führt. Er berichtet, was Menschen auf sich nehmen und durchmachen, um in Mitteleuropa leben zu können, erzählt von langen Wanderungen, von Hunger und Durst und den kleinen und größeren Wundern, die den Flüchtling immer wieder retten – darunter der Umstand, dass er fälschlicherweise immer wieder für einen Inder gehalten wird.

Khider ist nach seiner Flucht in einer neuen, spät erlernten Sprache zum Schriftsteller geworden – vielleicht, weil er diese Geschichte erzählen musste? Ob es seine Intention war oder nicht – sein Buch erinnert auch an all diejenigen, denen diese Reise nicht gelungen ist, es ist auch ein Denkmal für all die, die umgekommen sind auf der Flucht nach Europa, für die, die im Mittelmeer ertrunken oder in einem Lastwagen erstickt sind.[3]

Auf gewisse Weise verkörpert Khider den Traum der Integration: Ein Flüchtling, der eigentlich auf dem Weg nach Skandinavien war, der nur zufällig in Deutschland verhaftet wird und dann, nach einem langen Verfahren, in Deutschland Asyl erhält, lernt so gut Deutsch, dass er ein Buch schreiben kann, das mit all seinen Schicksalswendungen an eine der längeren Novellen aus Boccaccios »Dekameron« erinnert. Wie unglaublich ist das denn!

Sein Roman erscheint nun wie ein Gegenstück zu W. G. Sebalds 1992 erschienenen Klassiker »Die Ausgewanderten«, dem Buch, mit dem dieser zu früh verstorbene deutsche Schriftsteller auch im englischsprachigen Raum einige Aufmerksamkeit erregte. »Die Ausgewanderten« erzählt (wie auch der spätere Roman »Austerlitz«) in einer Mischung aus Reportage und Fiktion vom Lebensschicksal einiger Exilanten, von Menschen die während der Nazizeit aus Deutschland vertrieben wurden, die ihre Heimat und ihr sicher geglaubtes Glück verloren.

Nun, mehr als eine Schriftstellergeneration später, erzählen Romane wie der von Khider vom Ankommen in

Deutschland. Nun schreiben die Eingewanderten (oder ihre Kinder) ihre Geschichten, denn Deutschland ist ja längst ein Einwanderungsland – auch wenn das noch nicht überall angekommen ist. Die Literatur profitiert davon. Saša Stanišić fällt mir ein, ein Schriftsteller, der als Kind vor dem Krieg in Jugoslawien nach Deutschland flüchtete. Terézia Mora, Olga Martynova und Olga Grjasnowa wären zu nennen. Oder der in Deutschland aufgewachsene Regisseur Nuran David Calis, der als Sohn armenisch-jüdischer Einwanderer aus der Türkei in Bielefeld geboren wurde. Hier im Regal sehe ich seinen Debütroman »Der Mond ist unsere Sonne«, gerade schreibt er an einer Novelle über ein syrisches Flüchtlingsmädchen namens Sueyla, das sich plötzlich in einem deutschen Aufnahmelager wiederfindet, in einem Land, vom dem es noch wenig weiß. Ich bin gespannt.[4]

Die deutsche Fußballnationalmannschaft hat die gesellschaftliche Veränderung Deutschlands der ganzen Welt gezeigt. Ohne die Eingewanderten (Klose, Podolski) oder die Söhne von Eingewanderten (Özil, Khedira, Boateng, Mustafi) wäre Deutschland 2014 sicherlich nicht Fußballweltmeister geworden. Und kommt es mir nur so vor, oder ist die derzeitige deutsche Nationalmannschaft (die deutsche Internationalmannschaft?) nicht viel beliebter als die der früheren Jahre? Erfolgreicher ist sie auf jeden Fall.

In der Literatur muss zum Glück niemand Weltmeister werden, doch wer würde sich beschweren, wenn die deutsche Literatur bald noch themenreicher, verspielter und vielfältiger würde? Wenn sie – und das ganz im Sinne Goethes – weniger National- und mehr Weltliteratur wäre?

Während ich noch in meiner Lieblingsbuchhandlung stehe, die Bücher der Eingewanderten um mich herum, fällt mir ein, dass ich selbst, so durchschnittlich westdeutsch ich auch daherkomme, so ganz deutsch gar nicht bin – immerhin kann ich mit einem nichtdeutschen Elternteil aufwarten. Ja, auch mein österreichischer Vater ist ein Eingewanderter. Zugegebenermaßen von nicht so ganz weit her. Über ihn aber, das weiß ich, stamme ich von einem anderen Flüchtling ab, wie mir erst kürzlich wieder auf einem Familientreffen bewusst wurde.

Anfang Juli trafen sich in Oberösterreich an die zweihundert Nachkommen meines Urururururururgroßvaters – habe ich nun oft genug »ur« gesagt? – und damit die Nachkommen eines Feldschers und Wundarztes, der nach der Schlacht bei Austerlitz im Jahre 1805 in dem Marktflecken namens Tragwein im Mühlviertel strandete. Er blieb, übernahm die medizinische Versorgung, heiratete eine junge Frau am Ort und bekam Kinder. Und zweihundertzehn Jahre und sieben Generationen später praktiziert sein Urururururenkel, mein Onkel noch immer als Doktor in dem Haus, in das der Flüchtling damals einzog.

Warum fällt mir das nun ein? Vielleicht weil ich gerade verstehe, dass selbst die scheinbar Verwurzelten, die, die sich für ganz alteingesessen halten, die, die sich an einem Ort x Generationen zurückrechnen können – dass auch die mal als Einwanderer angefangen haben? Irgendwann, sehr lange her, sind wir alle über das heutige Syrien aus Afrika gekommen, einmal sind wir alle eingewandert.

Ich freue mich schon auf den Tag in fünf oder zehn oder zwölf Jahren, an dem ich in meiner Lieblingsbuchhandlung stehe – es wird sie hoffentlich noch geben – und den ersten auf Deutsch geschriebenen Roman eines in diesen Wochen nach Deutschland eingewanderten Autors syrischer Herkunft in den Händen halte. Ich bin gespannt, was das Buch erzählen wird. Und ich freue mich auf den Tag, vielleicht noch ein paar Jahre später, an dem ein Kind in Deutschland erstaunt nachfragen wird, ob es nicht schon immer Deutsche arabischer, afghanischer oder afrikanischer Herkunft gegeben hat. Ich hoffe, es wird sich ein Europa ohne sie nicht mehr vorstellen können.

1 Anke Fesel/Chris Keller, *Berlin Wonderland: Wild Years Revisited, 1990–1996.* Berlin: Gestalten 2014.
2 Julia Balogh (Hrsg.), *Geteilte Ansichten: Jugendliche stellen Fragen zur Deutschen Einheit,* Berlin: Ueberreuter 2015.
3 Abbas Khider, *Der falsche Inder.* Hamburg: Edition Nautilus 2008.
4 Nuran David Calis, *Der Mond ist unsere Sonne.* Frankfurt am Main: S. Fischer 2011

Sich verlieben hilft

Ich verliebe mich, jeden Tag, immer wieder. Ich verliebe mich während des Lesens, verliebe mich in Bücher, ihre Helden und Anti-Helden, ihren Text, ihre Sprache, ihre Stimme. Lektüren werden zu Liebesgeschichten. Lesen, Lesen, Lesen durch den Tag, durch die Nacht und weiter, die Liebe kennt kein Maß. Verliebt möchte ich nicht mehr ich selbst, sondern die Geliebte, möchte der Text, möchte Sprache sein. Verliebte wollen ineinander verschlungen und beieinander sein.

..

Habe ich das nicht schon mal bei Roland Barthes gelesen? Steht das nicht so ähnlich in »Die Lust am Text«? Barthes sagt, zu lesen bedeute sich hinzugeben, im Text aufzugehen, sich aufzulösen. Er versteht den Leseakt als Hingabe, Überschreitung, ja als Metamorphose. Der Leser wird – das habe ich nun nachgeschlagen – zu einem Anagramm des Textes und von ihm sinnlich aufgenommen. Erfüllung. Wie schön.

»Die Lust am Text« habe ich während des Studiums gelesen, ich glaube mich daran zu erinnern. Hatte ich damals eine Ahnung, worum es ging? Und heute?

In meinem Regal finde ich eine Ausgabe, ein überhaupt nicht zerlesen aussehendes Taschenbuch aus der Reihe Points der Éditions du Seuil.[1] Habe ich »Le plaisir du texte« (so der französische Originaltitel) um 1995 herum nur gekauft, um den Text zu besitzen? War der Kauf – ich wusste, wie wichtig der Text für den Poststrukturalismus ist – ein Versuch, ihn mir ohne Lektüre einzuverleiben? Das Papier, dünnes, eher nicht holz- und säurefreies Taschenbuchpapier, ist an den Rändern schon leicht angegilbt.

Ich lege mich aufs Sofa und lese. Endlich lese ich in diesem Taschenbuch, das einundzwanzig Jahre lang nicht weiter beachtet wurde, ein paarmal ist es mit umgezogen. In den Jahren dazwischen stand es einfach bloß herum. Das Buch hat mich ignoriert, wollte nichts von mir – und ich nichts von ihm. Der Text war trotzdem immer da auf diesem dünnen Papier, luftig gesetzt, groß gedruckt. Was sonst so selbstverständlich erscheint, der Umstand, dass Bücher Texte aufbewahren, speichern, über- und weiterleben lassen, lässt mich plötzlich staunen.

Und nun, da ich ihn endlich lese oder wiederlese, versetzt der Text mich in diese seltsame Erregung; die gesuchte, geliebte Leseerregung. Lust. Roland Barthes hat recht, der Körper liest mit, hat seine eigenen Ideen, empfindet Vergnügen, Genuss, Glückseligkeit, Euphorie und »jouissance«. Für die letzte Empfindung steht in der deutschen

Übersetzung das Wort »Wollust«, ein Begriff, der dieses Lesegefühl leider viel zu sehr in die Nähe der gleichnamigen Todsünde rückt. Eine Sünde aber soll die Sprengung des Zusammenhangs durch totale Hingabe, das erotische Leseerlebnis, der Textorgasmus gerade nicht sein. Im Gegenteil. Großes Glück schon eher.

Barthes versucht sich gar nicht an einer Systematik seiner Gefühle des Lesens, er liefert Fragmente in frühromantischer Manier, kleine Blasen, Spruchbänder, Pinselstriche; er ist sehr sympathisch in seinem Bemühen, von etwas zu sprechen, das sich kaum sagen lässt.

Neben vielen anderen Bemerkungen und Einwürfen gefällt mir, dass er sagt, ein Text über die Lesefreude müsse kurz sein; gehe gar nicht anders. Also zeige ich diese Freude hier nur an. Ganz kurz.

..

Ab ihrem 92. Lebensjahr las meine Tante jeden Vormittag in demselben Buch. Sie saß am Tisch, sah auf die Seiten und blätterte von Zeit zu Zeit um. Später legte die betreuende Pflegerin ihr das Buch hin und schlug es da wieder auf, wo sie am Tag zuvor aufgehört hatte, ein Lesezeichen aus blauem Stoff lag zwischen den Seiten. Hatte sie das Buch beendet, fing meine Tante wieder von vorne an. Betrachtete sie bloß die Zeilen? Kitzelte dieses Lesen sie noch? Vergaß sie jedes Wort, jeden Satz sofort wieder, oder kannte sie den Text auswendig? Wer weiß, sprechen konnte sie nicht mehr. Nach zweieinhalb Jahren wellten die Seiten sich dort, wo sie das Papier zum Umblättern immer wieder mit ihrer angefeuchteten Zeigefingerspitze berührt hatte, der Schnitt hatte sich verfärbt. Das Buch sah ziemlich zerlesen aus, die Bindung hatte sich vom Rücken gelöst, nur der eingerissene, speckig gewordene Umschlag hielt es noch zusammen.

Sie las oder las nicht in diesem Buch, jeden Tag, dann starb sie.

Auch schön: Während des Lesens abschweifen und an etwas anderes denken. Ist das vielleicht der eigentliche Reiz und Zweck des Lesens? Dass mir während ich die Zeilen betrachte etwas ganz anderes einfällt? Las meine Tante deshalb immer weiter? Und an was denken Sie gerade, lieber Leser? An ein anderes Buch? Den Sommer? An kommende oder gewesene Küsse? Die nächste Mahlzeit? Dass die Wäsche noch aufgehängt werden muss?

Barthes schreibt, man müsse nicht vom Text gefesselt sein, um Lust mit ihm zu empfinden ...

..

Leser verlieben sich in Bücher, aber kann ein Buch sich auch in mich verlieben? Macht das vielleicht die besten Bücher aus, dass sie mich glauben lassen, sie wären nur für mich geschrieben? Dass sie mich auf die Idee kommen lassen – der Leser und sein Phantasieren –, dieses Buch hätte mich gewählt, hätte sich für mich entschieden, sei zu mir gekommen, wollte es nicht zu mir? Manche Bücher schaffen es, mir genau das vor- und einzuflüstern. Genau das, was ich hören möchte.

Büchlein, Büchlein, sprich mit mir; Büchlein, Büchlein, sprich zu mir; Büchlein, Büchlein, liebe mich – ich lese dich dafür. Und Lesen ist ja Wiederlieben.

Zuletzt war ich verliebt in die namenlose Erzählerin in Lydia Davis' »The End of the Story«.[2] Ich mochte ihre Stimme so sehr. Und wie sie von fast nichts erzählte. Davon, wie sie plante, über eine leicht wahnhafte Liebesgeschichte, die ihr widerfahren war, ein Buch zu schreiben. Und wie sie erst einmal versuchte herauszufinden, was überhaupt passiert war und wie sie all das, was sie erinnerte, in einem Text anordnen würde. Ich war ganz verliebt. Sie hatte mich.

Während ich »The End of the Story« las, dachte ich zugleich, einen sehr langen Brief zu lesen, einen Brief, den die Autorin an mich, ihren Leser, schrieb. Ein ähnliches Gefühl nun während der Lektüre der »Lust am Text«. Kommt mir vor, als hätte Roland Barthes mir einen Brief geschrieben. Er ist nun endlich angekommen.

..

Mein Vater sagt, sich zu verlieben, verändere die Welt. Er sagt das mehrmals am Tag, weil er alles, was er sagt, gleich wieder vergisst. Ich glaube ihm, er hat da seine Erfahrung – auch wenn er sich kaum erinnert, die Erfahrung ist noch da. Er wiederholt seinen Satz vom Verlieben so oft am Tag, dass er ihn ungefähr jetzt noch einmal sagen würde: Sich zu verlieben, verändert die Welt. Er meint auch, es helfe, sich zu verlieben. Habe ich das von ihm?

Sich zu verlieben, hilft gegen fast alles. Gegen Missmut, Traurigkeit und Langeweile. Und solange ich verliebt bin, muss ich bleiben; das ist der Trick, deshalb verliebe ich mich immer wieder. Und so wird auch ein Leben draus, ich muss das Buch zu Ende lesen, die Serie zu Ende sehen. Muss noch bleiben, muss da bleiben, ich möchte wissen, wie es ausgeht, was noch passiert. Und was danach passiert. Ich bin doch verliebt.

Vielleicht kann ich gar nicht beurteilen, ob es hilft, sich zu verlieben, ich bin ja fast immer verliebt, bilde ich mir zumindest ein.
    Und habe ich übertrieben? Hilft es vielleicht nicht?
    »Doch, doch«, höre ich eine Stimme sagen, »sich verlieben hilft. Hilft fast immer.«
    »Wer spricht?«, frage ich.
    Und die Stimme sagt: »Ich bin's, dein Esel.«

··

Nun kann ich es verraten, eigentlich sollte dieses Buch nach einem der Essays »Sich enteseln« heißen. Immer aber, wenn ich diesen Titel irgendwo nannte, hörte ich nur: »Wie bitte? Wie soll es heißen?« Ich stellte fest, »Sich enteseln« ist schon rein akustisch nicht leicht zu verstehen, zu viele »e« in »enteseln«. Und ich malte mir aus, welche Schwierigkeiten es bereiten würde, in einer Buchhandlung nach »Sich enteseln« zu fragen.

Wäre es bei diesem Titel geblieben, ich hätte in einem Vor- oder Nachwort von der Hoffnung schreiben können, dass Lesen zur allgemeinen Enteselung beitragen möge. Frommer Wunsch. Mittlerweile bin ich mir gar nicht mehr sicher, ob Lesen tatsächlich entesel. Manche Lektüren bewirken wohl eher das Gegenteil, ich kann mich auch zum Esel lesen. Manche Bücher sind wie die Feigen, von denen in »Der kleine Muck« Eselsohren und lange Nasen wachsen, und Don Quijote ist nur das berühmteste Beispiel für einen Leser, der sich nach der Lektüre zu vieler Ritterromane zum Esel macht. Dass von den Gefahren und Abenteuern, in die seine Leseverwirrung ihn stürzen, dann in einem gleichnamigen Roman erzählt wird, lässt aber doch wieder hoffen. Literatur kann beides: Sie kann veresel, und sie kann entesel. Im Märchen von Wilhelm Hauff wachsen die Komplementärfeigen, die Feigen, die die Eselsohren wieder verschwinden lassen, auf dem Baum gleich nebenan.

Und kann es Zufall sein, dass ein Anagramm von »ich lese« ausgerechnet »ich Esel« lautet? Ich lese, ich Esel; ich Esel lese. Und wie sagt das bekannte Palindrom? »Ein Esel lese nie.«

Eine Postkarte von Goyas »Capricho 39« steht auf meinem Schreibtisch, »Hasta su abuelo« heißt die Radierung; sie zeigt einen bekleideten Esel, an einem Pult sitzend, vor ihm ein aufgeschlagener Foliant mit mehreren Abbildungen von Eseln. Der Esel in Rock und Hose liest, er studiert seine Vorfahren bis hin zum Großvater – schaut jedoch auf von seinem Buch, schaut mich an, jetzt, in diesem Moment, da ich diesen Satz schreibe.

Es ist so leicht, sich zum Esel zu machen. Gerade Autoren bieten sich immer wieder Möglichkeiten, mit jedem Wort, in jedem Satz. Autoren dürften eigentlich keine Angst davor haben; sie sollten überhaupt keine Angst haben, sich lächerlich zu machen. Ein Esel darf alles sagen. Und wie mache ich mich am besten zum Esel? Die Antwort ist wieder leicht: indem ich mich verliebe.

1 Roland Barthes, *Le plaisir du texte,* Paris: Éditions du Seuil 1973; *Die Lust am Text.* Aus dem Französischen von Traugott König, Frankfurt am Main: Suhrkamp 1974.
2 Lydia Davis, *The End of the Story.* New York City: (FSG) 1995; *Das Ende der Geschichte.* Aus dem amerikanischen Englisch von Klaus Hoffer. Graz – Wien: Droschl 2009.

Nachbemerkung

Fast alle hier versammelten Texte sind bereits an anderer Stelle erschienen, die meisten als Literaturkolumne im Merkur. Für dieses Buch wurden sie durchgesehen und geringfügig überarbeitet.

Ich serendipitiere. In: Merkur 64 (735), 2010, S. 709–713.
Ich saß so gern. In: Georg Ruppelt (Hrsg.), *Wir sind Teil eines großen Werkes, das über jeden einzelnen Lesenden hinaus weist.* Hannover: Gottfried Wilhelm Leibniz Bibliothek 2015, S. 190–193.
Der Schriftstehler. In: Merkur 65 (742), 2011, S. 245–249.
Lesen auf einer Insel. In: Merkur 65 (747), 2011, S. 712–716.
Der letzte Spießer. In: Merkur 66 (754), 2012, S. 232–237.
Darth Vader. In: Andrea Baron / Kai Splittgerber (Hg.), *Helden der Kindheit: aus Comic, Film und Fernsehen.* Frankfurt: Büchergilde Gutenberg 2013, S. 115–119.
Das Ablenkungsmaschinchen. In: Merkur 66 (759), 2012, S. 712–717.
Vier E-Books. In: frieze d/e, Ausgabe 16, September–November 2014, S. 22–24.
Sich enteseln. In: Merkur 67 (766), 2013, S. 239–245.

Sie lässt Lücken. In: Raija Siekkinen, *Wie Liebe entsteht. Zehn kurze Geschichten.* Zürich: Dörlemann 2014, S. 165–173.

Sie essen Aal, gehen tanzen. In: Merkur 69 (794), 2015, S. 75–78 (ursprünglich Vortrag vor der Alumni-Vereinigung der AVL am 06.02.2014).

Ich war in einem anderen Blau. In: Irene Albers (Hg.), *Nach Szondi. Allgemeine und Vergleichende Literaturwissenschaft an der Freien Universität Berlin 1965–2015.* Berlin: Kadmos 2015, S. 437–438.

Serienjahre. In: CARGO Film/Medien/Kultur 28, Dezember 2015, S. 31–34.

Die Eingewanderten. Geschrieben für BBC Radio 4 *Reading Europe.* Eine englische Übersetzung (*The Immigrants*) ist hier zu hören: http://www.bbc.co.uk/programmes/b06f20r0 [zuletzt abgerufen am 01.01.2016].

Dank

Dank an Irene Albers, Andrea Baron, Karl-Heinz Bohrer und Kurt Scheel, Christian Demand und Ekkehard Knörer, Sabine Dörlemann, Franck Hofmann, Jan Kedves, Kate Lamble, Bert Rebhandl und Georg Ruppelt – sie haben diese Texte bestellt, ohne sie wären sie nicht geschrieben worden.